Common Ground:

Contemporary Craft, Architecture, and the Decorative Arts

Mercury Series
Canadian Centre for
Folk Culture Studies
Paper 72

Published by the
Canadian Museum of Civilization
with
The Institute for Contemporary
Canadian Craft

© Canadian Museum of Civilization 1999

CANADIAN CATALOGUING IN PUBLICATION DATA

Main entry under title:

Common ground: contemporary craft, architecture, and the decorative arts

(Mercury series)
(Paper/Canadian Centre for Folk Culture Studies; 72)
Selection of essays presented in 1997 at the symposium "Common ground: contemporary craft, architecture and the decorative arts" – Cf.Pref.
Co-published by the Institute for Contemporary Canadian Craft.
Includes bibliographical references. Includes some text in French.
ISBN 0-660-17505-3

1. Decorative arts – Social aspects – Congresses.
2. Handicraft – Social aspects – Congresses.
3. Design – Social aspects – Congresses.
4. Architecture and society – Congresses.
I. Hickey, Gloria, 1956-.
II. Canadian Museum of Civilization.
III. Institute for Contemporary Canadian Craft.
IV. Series. V. Series: Paper (Canadian Centre for Folk Culture Studies); 72.

NK1105.C65 1999   745.4'4   C98-901355-3

Co-published by the

Canadian Museum of Civilization
100 Laurier Street
P.O. Box 3100, Station B
Hull, Quebec
J8X 4H2

and

**The Institute for
Contemporary Canadian Craft**

Managing Editor: Gloria Hickey

Translation & French editing: Communications DICO Inc.

Head of Production: Deborah Brownrigg

Design: Bhandari & Co.

Cover photos, clockwise from top:
Detail, Syrian Basin, made for the Sultan of Aleppo and Damascus (1236-1260), Collection of The Montreal Museum of Fine Arts, 1917.Ea.1, Gift of F. Cleveland Morgan.
Photo: The Montreal Museum of Fine Arts.

Detail, Armchair, Gerrit Rietveld, 1950, © Gerrit Rietveld 1999/VIS*ART Copyright Inc., Musée des Arts Décoratifs de Montréal, The Liliane & David M. Stewart Collection.
Photo: Giles Rivest (Montreal).

Detail, stair landings and railings in Strachan House.
Photo: Robert Burley/Design Archive (Toronto).

The Institute for Contemporary Canadian Craft is a non-profit educational organization registered with Revenue Canada. It has a commitment to further the understanding of the history, practice, and value of the creative production of handmade objects in Canada. It works as a think-tank on a project-to-project basis and integrates these programs with the activities of other craft-related organizations.

OBJECT OF THE MERCURY SERIES

The Mercury Series is designed to permit the rapid dissemination of information pertaining to the disciplines in which the Canadian Museum of Civilization is active. Considered an important reference by the scientific community, the Mercury Series comprises over three hundred specialized publications on Canada's history and prehistory.

Because of its specialized audience, the series consists largely of monographs published in the language of the author.

In the interest of making information available quickly, normal production procedures have been abbreviated. As a result, grammatical and typographical errors may occur. Your indulgence is requested.

Titles in the Mercury Series can be obtained
by calling 1-800-555-5621;
by e-mail to <publications@civilization.ca>;
by internet to cyberboutique.civilization.ca
or by writing to:

Mail Order Services
Canadian Museum of Civilization
100 Laurier Street
P.O. Box 3100, Station B
Hull, Quebec
J8X 4H2

BUT DE LA COLLECTION MERCURE

La collection Mercure vise à diffuser rapidement le résultat de travaux dans les disciplines qui relèvent des sphères d'activités du Musée canadien des civilisations. Considérée comme un apport important dans la communauté scientifique, la collection Mercure présente plus de trois cents publications spécialisées portant sur l'héritage canadien préhistorique et historique.

Comme la collection s'adresse à un public spécialisé, celle-ci est constituée essentiellement de monographies publiées dans la langue des auteurs.

Pour assurer la prompte distribution des exemplaires imprimés, les étapes de l'édition ont été abrégées. En conséquence, certaines coquilles ou fautes de grammaire peuvent subsister: c'est pourquoi nous réclamons votre indulgence.

Vous pouvez vous procurer les titres parus dans la collection Mercure par téléphone, en appelant au 1 800 555-5621, par courriel, en adressant votre demande à <publications@civilisations.ca>, par internet à cyberboutique.civilisations.ca ou par la poste, en écrivant au:

Service des commandes postales
Musée canadien des civilisations
100, rue Laurier
C.P. 3100, succursale B
Hull (Québec)
J8X 4H2

Abstract

This collection of 16 essays reveals provocative common ground between contemporary craft, architecture and decorative arts. The chief feature of the common ground is the integration of designing and making. Long considered the birthright of craftspeople, it is now the focus of contemporary architectural analysis. Scholars, architects and craftspeople – inspired by the historical precedent of the Bauhaus and architectural theorists such as Gottfried Semper – probe the contemporary relevance of the relationship between the design process, building or making methods and materials.

While one group of authors examines the building or making process, another reflects on how buildings or craft objects are experienced. Social and cultural anthropologists, ethnologists and craftspeople look at how objects and buildings acquire significance in our everyday lives. They measure the impact of social responsibility, gender issues and the tension between private and public meaning in craft and architecture. What accumulates for the reader of these collected essays is a deeper more nuanced understanding of craft – whether it be studio craft or craft in architecture. This surprising view of craft evolves out of a historical past but is a valid alternative to romantic individualism for it acknowledges the complex relationships shaping craft.

This volume includes essays by museum and gallery professionals that trace the historical precedents of their craft collections, the patrons who shaped them, and the current direction of institutional policies regarding the collecting and exhibiting of craft. Also included is a photo essay documenting the integration of craft and architecture in a case study of the Fuji Pavilion in the Montreal Botanical Garden.

Résumé

Les seize textes de ce recueil révèlent des points communs saisissants entre les métiers d'art contemporains, l'architecture et les arts décoratifs. Ces points communs gravitent essentiellement autour de l'intégration de la conception et de la fabrication. Longtemps considérée comme l'apanage des artisans, cette intégration fait désormais partie de l'analyse architecturale contemporaine. Inspirés par le précédent historique du Bauhaus et les théoriciens de l'architecture tels Gottfried Semper, des érudits, des architectes et des artisans explorent la signification contemporaine de la relation entre le processus de conception, les méthodes de fabrication et les matériaux.

Alors que certains auteurs examinent le processus de fabrication, d'autres réfléchissent sur l'effet produit par les immeubles et les objets d'artisanat. Des anthropologues sociaux et culturels, des ethnologues et des artisans se penchent sur la manière dont les objets et les immeubles acquièrent un sens dans notre vie quotidienne. Ils abordent les métiers d'art et l'architecture sous l'angle de la responsabilité sociale, de la problématique homme-femme et de la tension entre la signification privée et publique. Les lecteurs retireront de ces textes une compréhension plus profonde et plus nuancée des métiers d'art, qu'il s'agisse de la production d'objets artisanaux ou de la place des métiers d'art dans l'architecture. Cette vision nouvelle de l'artisanat s'enracine dans l'histoire et constitue une solution de rechange valable à l'individualisme romantique, puisqu'elle tient compte des relations complexes qui façonnent les métiers d'art.

On trouvera également dans ce volume des textes de responsables de musées, qui parlent de l'histoire de leurs collections de métiers d'art, des mécènes qui les ont façonnées, et de l'orientation actuelle des politiques institutionnelles présidant au choix et à l'exposition des objets artisanaux. Enfin, un texte accompagné de photographies illustre l'intégration de l'artisanat et de l'architecture dans le Pavillon Fuji du Jardin botanique de Montréal.

Table of Contents

Abstract	3
About the Contributors	6
Preface	8
Acknowledgements	12
Introduction to a Common Ground – Gloria Hickey	14

Through the Spectacles of the 20th Century

Gerrit Reitveld's integrated visual language of craft, design, and architecture – Virginia Wright	22
La tradition du Bauhaus peut-elle nous instruire aujourd'hui? – Alain Findeli	29

Craft in Architecture/Architectural Craft

The Meaning of Techniques and Materials – Myriam Blais	46
Tectonic Poetry: The Recovery of Craft in Wood Frame Construction – John Brown	56
Inspired Light, Space Inspired Thoughts About Light in Architecture – Lutz Haufschild	65
Conception algorithmique : Processus artisanaux de genèse formelle en contexte technologique – Nicolas Reeves	72
The Craft of Architecture – Gerald L. Pocius	86

Photo Essay

Craft as Ornament: A new pavilion in the Botanical Garden of Montréal – Sarah Bonnemaison and Christine Macy	96

Mediators of Everyday Meaning

More Than Mere Shelter: Incorporating public art in housing for the homeless – Rae (Anderson) Bridgman	104
Crafts: transient/transitional/transgressive bodies – Penelope Kokkinos	112
Canonic Interpretation of the Object: the Example of the Restored Historic House Museum – Michael McClelland	121
Réelles présences des artisanats du sens – Jean-Pierre Chupin	130

Museums and the Future of Craft, Decorative Art, and Design

Museums and the Future of Craft, Decorative Art and Design – Introduction – Stephen Inglis	140
Canadian Museum of Civilization – Stephen Inglis	144
The Montreal Museum of Fine Arts – its history of collecting the decorative arts – Mayo Graham	148
Arts décoratifs, métiers d'art et design au Musée du Québec : Voies et perspectives – Paul Bourassa	157
"Where Have We Been? What Are We? Where Are We Going?" Art Gallery of Greater Victoria – Patricia Bovey	173

About the Contributors

MYRIAM BLAIS teaches architecture at Université Laval in Québec. She received her Phd from the University of Pennsylvania in Philadelphia.

SARAH BONNEMAISON is a partner with CHRISTINE MACY in FILUM Limited, a firm specializing in the design of tensile architecture and research of festival architecture and urbanism.

PAUL BOURASSA is Curator for Decorative Arts and Design at the Musée du Québec.

PATRICIA BOVEY is Director of the Art Gallery of Greater Victoria and Adjunct Professor at the University of Victoria.

RAE BRIDGMAN, also known as RAE ANDERSON is an urban anthropologist and visual artist. She has joined the Department of City Planning, Faculty of Architecture, University of Manitoba.

JOHN L. BROWN is Associate Professor of Architecture, University of Calgary and the principal of Studio Z Design Associates.

JEAN-PIERRE CHUPIN has recently obtained his Phd at the Université de Montréal and currently teaches in Toulouse, France.

ALAIN FINDELI is Professeur titulaire, École de design industriel, Faculté de l'aménagement, Université de Montréal.

MAYO GRAHAM, formerly Chief Curator at the Montreal Museum of Fine Arts, is Director, National Outreach and International Relations, National Gallery of Canada.

LUTZ HAUFSCHILD is a glass artist based in Vancouver and recipient of the Saidye Bronfman Award for Excellence in the Crafts. He has integrated art and architecture in over 200 commissions in Europe, North America and Japan.

GLORIA HICKEY is a freelance curator and writer living in St. John's, Newfoundland. She has published more than 200 articles on art and craft for magazines in Canada and the USA and has edited the book *Making and Metaphor: A Discussion of Meaning in Contemporary Craft* (1994).

STEPHEN INGLIS is Director General of Research at the Canadian Museum of Civilization. He is an anthropologist and curator who has specialized in artists and their communities, particularly in South Asia. He lectures in the Department of Art and Cultural Studies at Carleton University.

PENELOPE KOKKINOS is a ceramist and MFA candidate in the Department of Ceramics, Fibre and Sculpture at Concordia University.

MICHAEL McCLELLAND is a Principal of ERA Architect Inc., a Toronto firm that specializes in building conservation and heritage resource planning.

GERALD L. POCIUS is Professor of Folklore and Director of the Centre for Material Culture Studies, Memorial University of Newfoundland and Editor of Material History Review.

NICOLAS REEVES is Professor, Department de Design, Université du Québec.

VIRGINIA WRIGHT is a Decorative Arts Curator at the Royal Ontario Museum, Toronto and an adjunct assistant professor in the Faculty of Architecture, Landscape, and Design at the University of Toronto.

Preface

The Institute for Contemporary Canadian Craft is a think-tank that encourages research in the field of contemporary craft and its place in the broader context of material culture. Over six years, partnerships have been developed with cultural and educational institutions to nurture cross-disciplinary dialogue and to provide program and curriculum content.

Making and Metaphor: A discussion of meaning in contemporary craft was our inaugural project. This symposium was held in 1993 and the resulting book of essays was published in 1994 with the support of many groups and the commitment of our major partner the Canadian Museum of Civilization.

Our second symposium, *Common Ground: Contemporary craft, architecture, and the decorative arts* was held in 1997 at the Musée des beaux arts and the Canadian Centre for Architecture in Montreal. This book is a selection of 16 of the 24 essays presented at that forum, which involved professionals from a variety of sectors including crafts, architecture, design, anthropology, museums and galleries.

Our thanks are due to those forty individuals who submitted abstracts for consideration, to those who presented their papers at the symposium and to the committee who reviewed the abstracts: Brigitte Shim, Laurier Turgeon, Stephen Inglis, Gloria Hickey, Odile Hénault, Alan Elder, Pat James and Jean Johnson.

The papers are quite diverse in their approach to the concept of craft and are a reflection of current attitudes and assumptions from a variety of perspectives including craft professionals, architects, anthropologists, and museologists. We thank the writers of these papers for their work and it is our hope that this exchange of viewpoints will develop a greater understanding among disciplines.

One group of papers looks at craft in architecture and architectural craft, while another gives us a framework of how craft fits into our visual and material culture. Essays from museum and gallery professionals present historical precedents and current policies for their collection and categorization of craft.

The Samuel and Saidye Bronfman Family Foundation made this publication possible. Their extraordinary support and interest in documenting aspects of the craft field is greatly appreciated.

The symposium, at which these papers were presented, could not have happened without the support of the M. Joan Chalmers Cultural Centre Foundation. Our thanks are extended to Joan Chalmers and Barbra Amesbury.

We would also like to thank Gloria Hickey who has contributed her great skills as managing editor for the publication.

The Institute is grateful to the staff of the Canadian Museum of Civilization for their ongoing support, encouragement and partnership in the publication of this book as part of the Mercury Series.

Peter Fleming	**Susan Warner Keene**	**Rosalyn J. Morrison**
Project Advisor	Project Advisor	Project Director

Préface

L'Institut pour les métiers d'art canadiens contemporains est un groupe de réflexion qui favorise la recherche sur les métiers d'art contemporains et leur place dans la culture matérielle. Depuis six ans, l'Institut a établi des partenariats avec des institutions culturelles et éducatives, afin d'alimenter le dialogue interdisciplinaire et de fournir le contenu de programmes d'activités et de programmes d'études.

Nous avons d'abord organisé le colloque *Le faire et la métaphore : un échange au sujet de la signification dans les métiers d'art contemporains*. Cette rencontre a eu lieu en 1993 et ses actes ont été publiés en 1994 avec l'appui de nombreux groupes et le précieux concours de notre principal partenaire, le Musée canadien des civilisations.

Notre deuxième colloque, intitulé *Points communs : les métiers d'art contemporains, l'architecture et les arts décoratifs*, a eu lieu en 1997 au Musée des beaux-arts et au Centre canadien d'architecture de Montréal. Le présent ouvrage renferme 16 des 24 communications présentées au colloque par des professionnels de différents domaines tels que les métiers d'art, l'architecture, le design, l'anthropologie et la muséologie.

Nous remercions les quarante personnes qui nous ont fait parvenir un projet de communication, celles qui ont fait un exposé lors du colloque, ainsi que les membres du comité d'examen des projets : Brigitte Shim, Laurier Turgeon, Stephen Inglis, Gloria Hickey, Odile Hénault, Alan Elder, Pat James et Jean Johnson.

Les communications abordent le concept des métiers d'art sous des angles divers et reflètent les attitudes et les hypothèses actuelles des artisans professionnels, des architectes, des anthropologues et des muséologues. Nous remercions les auteurs des communications pour leur travail et nous espérons que cet échange de points de vue se traduira par une meilleure compréhension entre les disciplines.

Certaines communications traitent des métiers d'art dans l'architecture et de l'artisanat architectural, tandis que d'autres portent sur la place des métiers d'art dans notre culture visuelle et matérielle. Enfin, des professionnels des musées présentent les antécédents et les principes actuels de classement de leurs collections artisanales.

Cette publication a été rendue possible par la Fondation de la famille Samuel et Saidye Bronfman, dont nous apprécions hautement le soutien exceptionnel et l'intérêt pour la documentation relative aux métiers d'art.

Le colloque à l'occasion duquel ces communications ont été faites n'aurait pu avoir lieu sans l'appui de la Fondation du Centre culturel M. Joan Chalmers. Nous remercions Joan Chalmers et Barbra Amesbury pour leur collaboration.

Nous tenons également à remercier Gloria Hickey, qui s'est acquittée avec une grande compétence de son mandat de rédactrice en chef de cette publication.

L'Institut exprime sa reconnaissance au Musée canadien des civilisations et à son personnel pour leur soutien, leur encouragement et leur partenariat dans la publication de cet ouvrage dans la Collection Mercure.

Peter Fleming	**Susan Warner Keene**	**Rosalyn J. Morrison**
Conseiller du projet	Conseillère du projet	Directrice du projet

Acknowledgements/Remerciements

We gratefully acknowledge the following generous financial supporters who made this project possible:

Nous exprimons notre reconnaissance aux organisations suivantes pour leur appui financier à notre projet :

The Samuel and Saidye Bronfman Family Foundation/Fondation de la famile de Samuel et Saidye Bronfman

M. Joan Chalmers Cultural Centre Foundation/Fondation du centre culturel M. Joan Chalmers

Canadian Museum of Civilization/Musée canadien des civilisation

The Canada Council for the Arts – Jean A. Chalmers Fund for the Crafts/Le Conseil des arts du Canada – Fonds Jean A. Chalmers pour les métiers d'art

Musée des arts décoratifs de Montréal

Multiculturalism Program, Canadian Heritage/Multiculturalisme, Patrimoine canadien

The Marjorie and Gerald Bronfman Foundation/Fondation Marjorie et Gerald Bronfman

Moriyama & Teshima Architects

The British Council

Zeidler Roberts Partnership

Aaron M. Milrad

Susan Warner Keene

Robert Jekyll

Joel Robson

Kye-Yeon Son

Robert Lamarre

Our appreciation is also extended to the following organizations for contributions to the project:

Les organisateurs tiennent à remercier les organismes suivants qui ont contribué à ce projet :

Montreal Museum of Fine Arts/Musée des beaux-arts de Montréal
Canadian Centre for Architecture/Centre canadien d'architecture
Canadian Museums Association/Association des musées canadiens
Conseil des métiers d'art du Québec
Ontario Crafts Council
Centre de recherche de design en impression textile de Montréal
Centre des métiers d'art en construction textile
Centre des métiers du verre du Québec/Espace Verre
Nova Scotia College of Art and Design
Ontario Association of Architects
Ordre des architectes du Québec
Prime Gallery
Royal Architectural Institute of Canada/Institut royal d'architecture du Canada
Seagram Canada
Sheridan College, School of Crafts and Design
Society for the Study of Architecture in Canada/Société pour l'étude de l'architecture au Canada
The Craft Studio at Harbourfront Centre
The George R. Gardiner Museum of Ceramic Art
The Museum for Textiles
The Toronto Society of Architects

Gloria Hickey

Introduction to a Common Ground

Résumé introductif

La demande de communications sur les relations historiques et contemporaines entre les métiers d'art, l'architecture et les arts décoratifs lancée par l'Institut pour les métiers d'art canadiens contemporains a suscité un nombre encourageant de réponses. Les textes reçus ont révélé que, tout en s'entendant sur l'utilité de renforcer le rôle des métiers d'art dans l'architecture, les artisans et les architectes n'avaient pas la même définition des métiers d'art. Les artisans songeaient aux produits faits à la main sortant de leur studio, tandis que les architectes pensaient plutôt à l'art de construire.

Ce recueil de textes, choisis parmi les 24 communications présentées au colloque « Points communs : les métiers d'art contemporains, l'architecture et les arts décoratifs », procurera aux lecteurs une vision plus profonde et plus nuancée des métiers d'art.

L'intégration de la conception et de la fabrication constitue le point commun essentiel entre les métiers d'art et l'architecture. Plusieurs auteurs abordent cette question. Virginia Wright montre comment Gerrit Rietveld a pu concevoir une architecture riche en valeurs humanitaires à partir de sa compréhension de la menuiserie de luxe. Alain Findeli revient à la tradition du Bauhaus pour en tirer des leçons contemporaines.

D'autres textes portent sur les matériaux et les processus. Myriam Blais démontre que la formation actuelle des architectes entraîne une approche intellectuelle et détachée de la construction et des matériaux. Lutz Haufschild puise dans son expérience de verrier pour expliquer comment le verre permet à la lumière d'apporter un complément significatif à l'espace architectural. Du double point de vue du constructeur et de l'architecte, John Brown voit dans l'humble maison à structure de bois une solution architecturale économique et techniquement simple riche en possibilités expressives. Nicolas Reeves remet en question notre notion de la conception informée par les matériaux, en présentant des modes de conception faisant appel à la technologie informatique.

Une étude du Pavillon Fuji du Jardin botanique de Montréal illustre l'intégration des métiers d'art et de l'architecture.

Alors que certains auteurs examinent la construction des immeubles, d'autres s'intéressent plutôt à l'effet qu'ils produisent. Gerald Pocius nous rappelle que nous ne pouvons plus nous permettre l'élitisme des générations précédentes et que l'architecture commune est en grande partie une architecture sans architecte. Penny Kokkinos aborde également l'espace quotidien, et notamment le rôle de l'objet artisanal comme moyen idéal d'exprimer une identité contemporaine au sein de cet espace.

Jean-Pierre Chupin soutient qu'à titre d'activités de conception, les métiers d'art et l'architecture doivent reconnaître que la signification naît de l'imperfection et de l'impureté de la vie quotidienne. Michael McClelland examine la signification culturelle du musée aménagé dans une maison historique et montre qu'elle naît de la rencontre de nombreux points de vue. Rae Bridgman aborde les questions de pertinence, de responsabilité sociale et de signification privée et publique dans son texte sur le projet domiciliaire pour sans-abri StreetCity.

The Common Ground symposium was a project full of adventure: peaks and valleys of different opinions and in conclusion, a deeper more nuanced view of craft. Although we, on the various committees of the Institute for Contemporary Canadian Craft, hoped to chart a common ground between craft, decorative arts and architecture we recognized the professions had drifted apart over the centuries. The divergent collecting and exhibiting practices of museums and galleries also seemed to be evidence of this divide. We didn't know what response to expect when the Institute put out the call for papers.

There was an encouraging tide of submissions. It seemed that many craftspeople and architects believed that more craft in architecture would be a good thing. However, we discovered that craft in architecture meant different things to different people – and professions. Similarly, exhibiting institutions were shaped by the diverse historical precedents of their collections, which in turn reflected the different perspectives of their patrons.

Craftspeople saw craft in architecture in terms of lost opportunities. They recognized that the built environment offers rich opportunities for craft, whether that environment be the private home, the corporate headquarters, or the public meeting rooms of the town hall – opportunities for which contemporary crafts were not regularly considered. Architects, on the other hand, were concerned about the loss of the craft of building – architecture was no longer an integrated act of designing and making a building.

Both professions juggled the twin demands of creative expression and function. They also shared a need to be socially relevant. Submissions hinted that the result of ignoring the sensitive use of materials and processes were buildings and objects that were often either impersonal in their standard, prefabricated solutions or deemed as irrelevant and expensive flights of fancy by the public. The response of the public – who potentially commission the works and buildings, who use, find and create meaning through craft and architecture – were an indication of the common social and economic challenges faced by both professional craftspeople and architects. Museums, too were concerned about being "out of step" with the public and faced the challenge of audience development.

Current academic writing substantiates this lack of public appreciation for the skills of craftspeople and architects citing the classification of craft and architecture as luxuries and the shrinking support at the government level – in terms of education, taxes or legislation. It seems that craft and architecture had assumed a cultural space where "real people visit in their spare, fringe time but that only fringe, spare people inhabit in their real time."[1] The relationship between edifice and edify was broken.[2]

This collection of essays, culled from the 24 presented at the symposium "Common Ground: Contemporary Craft, Architecture, and the Decorative Arts," sheds light on the dilemma from the viewpoint of crafts, architecture, museums and – thanks to ethnographers and anthropologists – the public, too. What are the characteristics of this lack of craft in architecture? How did it occur? What are the solutions? In the following essays, history, education and case studies provide the answers to these basic and thorny questions.

The integration of designing and making is the key feature in the common ground between craft and architecture. It is offered in a variety of ways. Virginia Wright in her essay on Gerrit Rietveld provides an example of an individual who was a furniture designer, maker and architect. Rietveld possessed the tacit understanding of techniques and materials, gained through fine woodworking, and was enabled by that understanding to design a new brand of architecture rich with humanitarian values. Wright's essay is illuminating, especially regarding Rietveld's insight into the appropriateness and affordability of materials, scale and construction.

Alain Findeli revisits the Bauhaus tradition for contemporary lessons. He finds in this historical model the integration of designing and making in the synthesis of spirit and matter. Findeli argues that such an integrated approach of knowing and doing, the theoretical and the practical, commerce and ethics equips its disciples to deal with social responsibility.

Myriam Blais examines the diminished meaning of techniques and materials in contemporary architecture. Her argument rests on three points – two causes are related to education and one to the marketplace – that all have relevance for the craftsperson. She points out that the history of architecture has been based on stylistic characteristics and not on building process or materials; that changes in methods of construction and energy criteria have placed function over materials in importance; and that architects are no longer trained as artisans. Blais says the result is a professional architect who has an intellectual and detached approach to construction and materials – and craft.

Focusing also on materials, Lutz Haufschild draws on his experience as a glass artist with more than two hundred commissions to explain that glass can use light to complete the architectural space in a meaningful way. Nicholas Reeves, challenges our notions of design informed by materials by offering technology as an alternative. Nature, he observes, is beyond man's control but technology is not. Does technology hold the possibility of ultimate integration between design and fabrication?[3]

From the perspective of both a builder and an architect, John Brown examines humble wood frame construction as being an economic and technically simple architectural solution, rich in expressive possibilities. Brown, as several of the authors indirectly do, reflects on the fact that architects at one time were master builders. It is characteristic of the contemporary practice that designing and making are divided. Professional prestige, economics and legal liability have driven a wedge into that divide. Architects in many instances, have lost control to contractors who have no commitment to design. Today, it is not financially feasible for most architects to be practicing craftspeople as well. Still, Brown concludes that the reality of a building's execution must be integrated with its design.

The Fuji Pavilion at the Montreal Botanical Garden is a case study of the integration of craft and architecture. The philosophy of organicism and the example of nature consistently informs the pavilion's design, choice of materials and construction techniques. The building designed by the architectural team of Sarah Bonnemaison and Christine Macy is especially instructive in its use of relevant ornament.

While several authors examine how buildings are made, another group of authors focus on how they are experienced. Gerald Pocius reminds us that we cannot afford the elitism of earlier generations and that the commonplace is as worthy of our scrutiny as is the moneyed example of high-architecture. Vernacular architecture is largely architecture without architects yet it provides unselfconscious examples of design integrated with making.[4] Furthermore, he suggests that the continual manipulation of the built environment, especially of the interior space, that is part of living in and experiencing a building is an integrated and creative act.

Penny Kokkinos also addresses the everyday space and the interior world. In particular, she argues that the craft object is ideally suited for expressing contemporary identity. It is more portable and affordable than most fine art, important attributes to a mobile and less affluent population. Its small scale conveys an emotional intimacy that is matched by its physical intimacy as a domestic product that bears the traces of its maker. The craft object is an object that reflects choice on the part of both its maker and its owner.

Jean-Pierre Chupin argues that as design operations both craft and architecture must acknowledge that meaning draws on the very imperfection and lack of purity of daily life. This is where the convergence between "techne" and "poesis" occurs. Meaning in both disciplines is ultimately experience.

Michael McClelland probes the meaning of the historic house museum. He shows the life cycle of the cultural meaning of a building from its initial function, to its neglect, rediscovery, celebration and reinvention. The cultural, public meaning of architecture (like craft) is a joint product of many people that results in the eventual canonic interpretation of the building (or craft object) as museological artifact.

Relevance, social responsibility, private and public meanings are all touched on in Rae (Anderson) Bridgman's study of StreetCity, a housing project for the homeless. She traces the importance of collaboration and consultation between the architects, craftspeople and future occupants as being the key to integrating design and fabrication. In StreetCity, the sensitive use of materials and the empowering acknowledgment of the experience of the homeless are characteristic of a successful solution both in terms of the public art, craft and the architecture.

A selection of papers by curators and directors of the Canadian Museum of Civilization, The Montreal Museum of Fine Arts, the Musée du Québec and the Art Gallery of Greater Victoria trace the historical precedents and current directions that impact upon the major craft collections in Canada. Here too, personal experience must be acknowledged, for people effect craft in the museum at every level: patrons who donate collections, aboriginal people whose stories are told, the public's experience of visiting a museum, and curators' unwritten exhibition strategies.

What accumulates for the reader of the collected essays is a deeper, more nuanced understanding of craft – whether it be studio craft or craft in architecture or in the exhibition context. Either way, this understanding of craft is based on a model of integrating thinking and doing, design and fabrication, techne and poesis. It evolves out of a historical past but is a valid alternative to romantic individualism for it acknowledges the complex relationships shaping craft. This new vision of craft suggests that the halos of meaning surrounding both object and building are produced and owned by many individuals.

Notes

1 Larry Gross, ed *On the Margins of Art Worlds* (Boulder: Westview Press Inc. 1995) 3.

2 Joseph Masheck, *Building-Art Modern Architecture Under Cultural Construction* (Cambridge: Cambridge University Press, 1993) 2.

3 Architect Frank Gehry has suggested that computers are putting control back in the hands of architects. He has said that contractors have a near parent-like control over architects and that architects have been reduced to throwing tantrums to get contractors to comply with designs. These points were made in a February 25, 1998 interview with Michael Enright on CBC Radio AM.

4 In his two volume history of architecture in Canada, Harold Kalman acknowledges "the new enthusiasm for the commonplace" in history and geography as having an impact on the study of architecture – "our history can be told only by appreciating everybody's architecture." Harold Kalman *A History of Canadian Architecture* (Toronto: Oxford University Press, Vols 1 & 2. 1994) vii.

Through the Spectacles

of the 20th Century

Virginia Wright

Gerrit Rietveld's integrated visual language of craft, design, and architecture

Gerrit Rietveld : étude de cas dans le domaine des métiers d'art, du design et de l'architecture

La conception et la fabrication des meubles font partie intégrante des métiers d'art et du design; ces activités font intervenir une vaste gamme de considérations pratiques et théoriques liées à la fonction, à la décoration, au sens et au contexte. Les meubles s'inscrivent dans une longue histoire et subissent l'influence de l'architecture, de la sculpture et de l'artisanat. Leur réalisation passe par le dessin, le maquettisme, le travail du bois et du métal, le tissage, l'impression et la couture. Leur forme peut être issue de la recherche industrielle visant la production de masse ou de l'expérimentation solitaire dans l'artisanat de commande. Ils sont mis en marché à titre d'objets d'art, de produits industriels, d'icônes architecturales ou d'articles à la mode.

Plusieurs aspects de cette réalité multidimensionnelle ressortent clairement de la carrière et des oeuvres de Gerrit Rietveld (1888-1964), concepteur-fabricant de meubles et architecte néerlandais qui a toujours vécu à Utrecht, où on le retrouve inscrit successivement comme « ébéniste » en 1907, « dessinateur », « architecte d'intérieur », puis « architecte » en 1925. Apprenti dans l'atelier d'ébénisterie de son père de 12 à 16 ans, Rietveld a ensuite travaillé plusieurs années comme dessinateur pour un orfèvre-joaillier tout en suivant des cours du soir en dessin architectural.

En 1917, Rietveld a ouvert son propre atelier et commencé à fabriquer un vaste éventail de meubles en bois dans un style minimaliste distinctif. Il a appliqué les préoccupations esthétiques de la peinture moderne hollandaise et sa propre exploration technique du travail du bois au projet collectif de révolution et d'invention du design des années 1920. Rietveld a acquis sa solide réputation de pionnier du modernisme dès son premier projet architectural en 1925; il s'agissait de la maison Rietveld Schroder, dont les éléments constitutifs (meubles et accessoires, menuiserie et architecture, lumière et couleur, forme et espace) se détachaient nettement tout en étant soigneusement unifiés.

La carrière de Rietveld recoupe la plus grande partie de l'évolution du modernisme du vingtième siècle. Pourtant, Rietveld a toujours su conserver un vocabulaire visuel puissant et cohérent, immédiatement reconnaissable et néanmoins lié aux travaux d'autres concepteurs des années 1920 aux années 1960.

L'architecture et le mobilier de Rietveld continuent d'inspirer des concepteurs sensibles comme lui à l'échelle et à la fonction, tels que l'architecte américain Steven Holl et le concepteur de meubles anglais Jasper Morrison. Rietveld a exercé une influence profonde et durable sur l'architecture néerlandaise, et bien des meubles qu'il a créés sont maintenant produits en plus grande quantité que de son vivant.

The designing and making of furniture is a set of activities addressing many of the practical and theoretical issues of craft and design. The fabrication of furniture, at any scale of production, involves drawing, model-making, woodworking, metalworking, and various textile arts. Its design is propelled by industrial research for mass-production as well as by solitary experimentation in studio crafts. Furniture participates in architecture, while being engaged with art, and can be marketed as craft object, as industrial product, or as architectural icon. All of these exchanges are illustrated by the work of furniture maker and architect Gerrit Rietveld.

Rietveld was born in Utrecht, the Netherlands, in 1888, the second of six children, and he lived and worked in the same city until his death at the age of 76. Rietveld left school at the age of 12 to work as an apprentice in his father's cabinetmaking workshop. At 16, Rietveld left his father's workshop, taking a day-time job in a goldsmith's workshop and completing four years of evening courses in architectural draughting. He then went back to cabinetmaking, and eventually set up his own workshop in 1917.

Rietveld's woodworking skills enabled him to develop new joints, new framing systems, and new finishing details that clearly proposed a fresh and adventurous aesthetic ideal. Furniture makers formed an important component of progressive aesthetic debate in the Netherlands, then as now, because of the high standards of fine wood craftsmanship and design that prevailed. Rietveld's design processes evolved through his structural and technical experiments in woodworking and cabinetmaking techniques. He devised sturdy, overlapping pegged joints, producing structures that at first glance seem childishly simple, but which, on further inspection, become visual puzzles. These structures openly display all their conjunctions but do not reveal their true connections. Although Rietveld did not subscribe to the "mystique" of craft, he could, through such designs, exploit its potential for mystery. This system of rail construction could be used for any type of furniture and could be mimicked in other objects.

Although Rietveld was closely associated with the De Stijl group of artists, and participated in many of their projects, his work should not be seen simply as an application of De Stijl principles to buildings and furniture. Rietveld's designs were not products of De Stijl, but, together, they formed parts of a larger continuum of art and design. He combined the new compositional effects of De Stijl with the integral geometry and logic of furniture making, working in a manner that was consistent with, indeed entirely dependent on, the highest standards of professional wood craftsmanship.

Rietveld had two main goals: to create a new experience of space through architecture and design, and to develop new types of production methods for furniture and equipment. Through both these goals, he hoped to promote good sense and helpful efficiency in daily life. His first opportunity to develop a new type of architectural design was in a house built in 1924 for his client and design collaborator Truus Schroder. In the Rietveld Schroder house, furniture and fixtures, cabinetry and architecture, light and colour, form and space, are each clearly delineated, yet carefully fused. Rietveld and Schroder attempted to remove as many fixed boundaries as possible. By using folding and sliding partitions and expansive, varied sources of natural light, they created free-flowing spaces, removing artificial boundaries between inside and outside, and between different types of rooms and furnishings. As much as possible, they avoided functional specificity and spatial demarcation, making all areas and equipment easily accessible, and often adaptable or multi-purpose.

The Schroder house, along with Rietveld's subsequent work, demonstrated many aspects of the multi-facetted relation between furniture and architecture. It treats architecture as cabinetry, cabinetry as building, buildings and furniture as equipment, and architecture and furniture as modular systems for fabrication. It also expresses the ideal of architecture and furniture as an integrated visual language and, paradoxically, as an assemblage of distinctly independent elements.

Upon the completion of the Schroder house, in 1924, Rietveld's work was keenly followed by the international design community. Subsequent projects, even modest apartment renovations such as those done in the mid-1920s with Truus Schroder, were widely published in European trade journals.

Rietveld's second professional objective, as noted above, was to use mass-production, or large-scale craft production, to make new ideas in design accessible to a wide public audience. He designed many types of inexpensive furniture to be sold in shops and department stores, or to be made by amateur as well as professional woodworkers. In 1934 Rietveld produced a series of chairs, tables, beds, and storage units, made from the cheap wood and plywood used in packing crates, and were a radical strategy to provide furniture for very poor households. Rietveld was also involved with social housing projects, such as one-room flats in a converted mansion that had been purchased by a feminist benefactor, in 1938, to provide residences for single working women.

Whether intended for occupation by rich or poor, all of Rietveld's built projects demonstrated an unflagging commitment to a third personal and professional objective: enabling people to achieve clarity and sobriety in their daily life through eradication of "the superfluous," and through the "orderly" arrangement of objects and spaces. Productivity, efficiency, and good health were encouraged by the generous provision of natural light and views, and enhanced by the high quality of workmanship throughout.

During World War II, Rietveld continued his furniture experiments with the limited resources available, devising many versions of various designs including the zig-zag chair. Using maquettes, models, and drawings he modified or refined previous designs while working on new ones. Rietveld's intellectual progression did not proceed from craft *to* design, or from furniture *to* architecture. His interests were co-existant, requiring all parts of the whole for the inter-dependent success of individual projects. Rietveld accomplished a great deal of work. His archives contain 215 designs for furniture, 232 designs for buildings, and 249 designs for toys, equipment, light fixtures, and other objects. And, although he apparently found writing difficult, he produced over one hundred articles on design and design issues.

Rietveld produced several examples of a new chair design in the years immediately after the war. (One is in the collections of the Montreal Museum of Decorative Arts.) It is made of six pieces of moulded plywood in varying thicknesses, and is a remarkable technical and aesthetic achievement, the culmination of Rietveld's many experiments in the generation of surface through structure and the logical expression of material through form.

In the 1950s and early 1960s, Rietveld's architecture office executed commissions throughout the Netherlands, for factories, offices, shops, apartments, schools, community centres, art galleries, and many homes. These architectural projects furthered Rietveld's mastery of efficient plans and effective lighting, within subtle arrangements of line, plane, and volume. Ideas previously explored mainly through wood construction were now reworked in a more expansive context, using large areas of glazing, and walls and chimneys of glazed brick, usually white or blue. Rietveld's public buildings provided modest but exciting spaces, filled with overlapping and intersecting planes of natural and artificial light. One of Rietveld's last designs, a cemetery chapel, was completed by his associates after his death in 1964. It beautifully expresses his twin goals of clarity and sobriety. Rietveld's visual vocabulary, at any scale of construction, remained cogent and coherent, always immediately recognizable as his own.

Some words about context and influence. The deceptively simple rail construction of Rietveld's early furniture, as well as finishing details such as the painted end-grains, were not his "inventions." In the incremental and infinitely complex world of furniture design and production, it is hard, perhaps impossible, for anyone to ever "invent" anything. For example, there is a work table in an illustration by R. Tropsch published in Vienna in 1901, which could be seen as proto-Rietveld, and was itself probably indebted to traditional Japanese woodworking techniques as well as late-nineteenth century European exercises in "pure" geometry. In Scandinavia, meanwhile, there was a long-standing tradition of rigorously severe furniture, usually in white or blue painted wood, with simple geometric shapes and little or no decoration. And Rietveld, of course, was not the only furniture designer to explore De Stijl principles of composition. Eileen Gray, in particular, did a considerable amount of similar, contemporaneous work. Rietveld's first bent-ply experiments in 1927 were also contemporaneous with those of the Rasch brothers in Germany, whose 1927 chair later influenced his own zigzag chairs.

Armchair
bent plywood
Designed by Gerrit Rietveld,
the Netherlands, 1950.
Musée des Arts Décoratifs de Montréal,
The Liliane & David M. Stewart
Collection, D85.154.1

Rietveld's influence is extensive. His 1935 metal shelving system predated the well-known Strinning system from Sweden by almost 20 years, and his chairs and cabinets have provided the formal models for hundreds of other designs. Rietveld's furniture and architecture continue to inspire those who share his sensitivity to issues of appropriateness and affordability in materials, scale, and construction. His low cost furniture has served as the precedent for many home-workshop and community workshop projects and proposals, such as the "self-design" furniture by Enzo Mari in Italy in the 1970s. In some instances, the progression of processes and forms in Rietveld's furniture appears to have been quite closely followed, as can be seen in a comparison of Rietveld maquettes from 1927 to 1958 with Frank Gehry's series of cardboard chairs from the 1970s.

A number of Rietveld's furniture designs are currently in production in Italy. They are both craft objects and design products, incorporating new technical advances in upholstering and finishing materials. These production pieces, along with archival objects, and new drawings and photographs of Rietveld projects, serve as renewed testament to the power of Rietveld's intellect and imagination. His prolific career spanned the arc of twentieth century modernism, using technical skills and manual intuition, developed through the practice of fine craft, to design an entirely new architecture of life.

Notes

1   There is a wealth of information available on the Internet about Gerrit Rietveld. However, the very best comprehensive book that is easily obtainable in Canada is Marijke Kuper and Ida van Zijl *Gerrit Reitveld, The Complete Works* (Utrecht: Central Museum 1992).

Alain Findeli

La tradition du Bauhaus peut-elle nous instruire aujourd'hui?

How Can We Learn from the Bauhaus Tradition Today?

The "Bauhaus tradition" refers to the worldview and the approach to art, technique and teaching that characterized not only the German Bauhaus of Weimar, Dessau and Berlin (1919-1933), but also the schools and individuals claiming descent from it. We refer mainly to the *New Bauhaus/School of Design/Institute of Design* founded in 1937 in Chicago by Moholy-Nagy and the *Hochschule für Gestaltung* in Ulm (1953-1968).

In 1873 in Vienna, the Japanese who had decided to participate in a World Exhibition for the first time in order to overcome political, economic and cultural isolation, faced a major challenge: their language had a single word to describe what Europeans called "Fine Arts" and "Applied Arts." In Japan, no distinction whatsoever was made between these two types of activities. The Vienna Exhibition was divided into several sections, including one for Fine Arts and one for Applied Arts. In Europe, the distinction between the two had been made much earlier. In France, for example, this apparently definitive separation was made when the "Académie de peinture et de sculpture" was created in 1648, followed by the "Manufacture royale des meubles de la couronne" at Gobelins in 1667. But we also know that when Walter Gropius requested and accepted to head the Bauhaus in 1919, it was at the condition that the school of fine arts *(bildende Kunst)* and the school of craft *(Kunstgewerbe)* would be housed under the same roof.

The model originally developed by Gropius in order to reconcile art and technique was subjected to several interpretations and changes. For instance, in Chicago, Moholy-Nagy transformed the art/technique dipole into an art/science/technique tripole, while keeping the pedagogical and philosophical principles of the Bauhaus. In Ulm, the artistic component, that remained alive in the early years, was ultimately replaced by a vision of design as an applied science.

Postmodernist design entirely rejected the Bauhaus model. However, we are confident that this tradition still has its use, especially for learning. This paper presents and interprets some fundamental principles of the Bauhaus school, and indicates to what extent they could be useful for the teaching of both design and craft. It examines these principles in relation with the use of materials, the design of forms, the quality of textures and colours, the symbolic and cultural value of objects, their useful value, the issue of style, the role of technique as well as the skills and responsibilities of the craftsman.

Si le titre de cet essai s'énonce sous une forme interrogative, c'est principalement pour des raisons rhétoriques, c'est-à-dire pour inviter les participants au colloque interdisciplinaire « **Points communs : les métiers d'art contemporains, l'architecture et les arts décoratifs** » à se poser eux-mêmes cette question, à partir de la connaissance et de l'expérience qu'ils ont pu avoir du Bauhaus, plutôt que d'attendre et d'entendre ce que ma propre expérience me permet de conclure. Car, pour ma part, il n'y a bien entendu pas de point d'interrogation. La question n'est pas nouvelle au demeurant[1] même si, depuis quelques années, la tendance générale dans les écoles d'architecture et de design est de répondre par la négative... avant même de s'être posé la question ! C'est plus expéditif, mais c'est aussi jeter le bébé avec l'eau du bain.

On l'aura compris, ma réponse sera positive. Je m'efforcerai de présenter ici quelques arguments tirés d'un ensemble d'évidences accumulées lors de ma propre pratique pédagogique. Je tiens à préciser cependant que ce n'est que par une mise en oeuvre et à l'épreuve bien comprises de cette pédagogie qu'on pourra se convaincre de son bien-fondé, d'une part, et de son actualité, de l'autre, celle-ci ne faisant que se confirmer à mesure que nous quittons les années 1990 et les tâches urgentes auxquelles elles nous confrontent.

Ce n'est qu'ainsi en effet que se laisseront saisir les fondements anthropologiques et éthiques sur lesquels cette pédagogie s'est édifiée, selon un principe analogue à celui que préconise Moholy-Nagy pour l'oeuvre d'art :

> « La saisie d'une oeuvre d'art ne peut s'effectuer par la simple description. Le discours et l'analyse sont au mieux des préparations intellectuelles, mais qui peuvent constituer un encouragement à en faire l'expérience intime et à en découvrir toutes les significations historiques et biologiques ».[2]

Après avoir rappelé ce qui caractérise la « tradition » du Bauhaus du point de vue pédagogique afin d'en tirer un modèle théorique général, je m'attarderai à l'une de ses caractéristiques principales : le cours préliminaire. Je montrerai alors que les principes de ce cours, étroitement liés à la pratique des métiers d'art, peuvent, à condition d'être convenablement interprétés, constituer la base d'une formation anthropologique fondamentale qui me semble répondre à d'urgents besoins actuels.

La tradition du Bauhaus

Quelques mots d'explication sont nécessaires à l'égard de cette expression. J'entends par « tradition du Bauhaus » une lignée historique d'institutions qui se sont réclamées explicitement du Bauhaus. Dans cette perspective, les deux principales sont le **New Bauhaus**, fondé à Chicago par László Moholy-Nagy en 1937 et qui prit ensuite le nom de School of Design (1939-1944) et de Institute of Design (1944-auj.), et la **Hochschule für Gestaltung** fondée à Ulm en 1952, inaugurée en 1955 par Max Bill et fermée en 1968. À ces deux piliers, il conviendrait d'ajouter les enseignements de Walter Gropius et de Marcel Breuer à Harvard à partir de 1937, ceux de Josef Albers à Black Mountain College en Caroline du Nord (1933-1949) puis à Yale (1950-1960), de Mies van der Rohe à Chicago (1938-1958), ainsi qu'un grand nombre d'initiatives, isolées ou non, dans divers pays, tant en Europe, en Amérique, qu'au Japon, qu'on peut considérer de seconde et troisième générations. Récemment, l'institution nouvellement fondée à Karlsruhe, le Zentrum für Kunst und Medientechnologie, s'est présentée comme étant le « Bauhaus électronique ».[3] En dépit du repli que lui ont imposé la plupart des tenants du postmodernisme, il faut convenir que cette tradition, après avoir régné de façon trop souvent dogmatique dans les années 1960 et 1970, s'est maintenue vivace jusqu'à nos jours. Voilà pour la postérité.

Mais, contrairement à ce qu'une certaine historiographie a voulu instituer, et même si l'originalité du projet de Gropius ne saurait être contestée, il faut reconnaître que le Bauhaus a également des antécédents.

Ceux-ci nous intéressent particulièrement dans le cadre de ce colloque, car ils permettent de mettre en relief l'empreinte profonde qu'a laissée, dans la postérité évoquée ci-dessus, la tradition des métiers d'art. C'est à Henry van de Velde qu'il faut remonter pour mieux saisir l'originalité du Bauhaus, au moment où, après des études aux Beaux-arts et un début de carrière de peintre assez prometteur, celui-ci découvre en 1891 l'oeuvre, tant artistique que politique, de William Morris, dont il se dit « conquis par la perfection manuelle des créations […] dans le domaine des métiers d'art ressuscités : tapisserie, vitrail, typographie, céramique ».[4] C'est pour lui une telle révélation qu'en 1893, à trente ans, il abandonne complètement la peinture pour se consacrer aux métiers d'art, qu'il appelle à cette époque « arts d'industrie et d'ornementation ». Cette conversion se précipite un jour qu'il s'apprêtait à réaliser en peinture une esquisse intitulée *La Veillée d'anges* :

> « À plusieurs reprises déjà, j'avais conçu le projet d'apprendre un métier. Un métier d'art de préférence. Mais ce fut devant l'esquisse de *La Veillée d'anges*, au moment où je ressentis que je ne l'achèverais jamais, que je conçus l'idée de réaliser en broderie ce que je ne pouvais plus me décider à réaliser par la peinture […]. Je ne pouvais déclarer plus formellement que je me considérais, dès ce moment, comme un artisan et que je désirais, dorénavant, être considéré comme tel ».[5]

Il se mit alors, dans son enseignement et dans ses nombreux écrits, à militer véritablement en faveur de cette pratique artistique, tant pour des raisons esthétiques que sociales, car, comme il se plaisait à le répéter à ses élèves de l'Académie d'Anvers, « pour le service de la beauté, l'artisan vaut l'artiste ». C'est ensuite en Allemagne, où les mouvements sécessionnistes des artistes battaient leur plein, que les propositions, tant artistiques que théoriques-pragmatiques de van de Velde trouvèrent l'écho le plus favorable.[6] Installé à Berlin en 1900, il déménage ensuite à Weimar où il fonde, à la demande du grand-duc de Saxe-Weimar et surtout à l'instigation de ses amis le comte Harry Kessler et Elisabeth Förster-Nietzsche, d'abord le Séminaire d'arts appliqués en 1902, puis l'École des arts appliqués *(Kunstgewerbeschule)* en 1907. Sa tâche consistait à conseiller et à former les artisans du grand-duché en vue d'une production plus « moderne » et commercialement plus satisfaisante. L'École des arts appliqués sera construite selon ses propres plans, de même que l'École des beaux-arts située en face.

C'est dans ces bâtiments que Gropius, désigné par van de Velde pour lui succéder, installera le Bauhaus en 1919. À cet égard, un point mérite d'être mentionné, révélateur du rôle que la pratique artisanale devait jouer au Bauhaus. C'est tout d'abord la direction de l'École des arts appliqués que l'on offre à Gropius. Celui-ci insiste pour cumuler la direction des deux écoles et pour obtenir carte blanche, ce qu'on finit par lui accorder. Mais en réalité, le « coup de force » de Gropius consista à dissoudre l'École des beaux-arts dans l'École des arts appliqués pour y faire disparaître toute référence à une pratique artistique non engagée dans un métier, ainsi que toute tentation pour les élèves-artistes de se réfugier dans une tour d'ivoire. D'où les mots d'ordre de son fameux manifeste de 1919 : « Architectes, peintres et sculpteurs, nous devons tous revenir au métier ! […] Créons donc une nouvelle corporation d'artisans sans cette arrogance discriminatoire qui voulut dresser une barrière méprisante entre les artisans et les artistes ».

La structure fondamentale des programmes pédagogiques successifs

Postuler l'existence et la survivance d'une tradition du Bauhaus comme nous l'avons fait exige une justification plus serrée que celle, historique, que nous avons fournie, sous peine de pécher par idéalisme méthodologique. Cela exige, en d'autres termes, qu'on réponde aux questions suivantes : En quoi consiste précisément le fait de se réclamer du Bauhaus? Quelles sont les conséquences (pédagogiques, praxéologiques, esthétiques, méthodologiques, etc.) de l'adoption de cette tradition? Quelles en sont les exigences et à quel type de responsabilité cela doit-il nous conduire?

C'est bien évidemment dans la structure pédagogique des programmes que pourront se lire ces intentions et se vérifier leur adéquation. À cet égard, l'archétype, si l'on peut dire, de cette structure figure dans le célèbre document de quatre pages publié par Gropius en avril 1919 à l'occasion de l'ouverture de l'institution à Weimar, dont on a surtout retenu l'iconographie de la page-couverture et le texte-manifeste, mentionné ci-dessus, qui l'accompagnait. Sur les deux autres pages figurait le programme dont nous retenons ici, pour notre gouverne, les points essentiels suivants :[7]

- l'école est au service de l'atelier et se résorbera un jour complètement en lui;
- les architectes, les peintres et les sculpteurs sont des artisans au sens premier du terme;
- la formation porte sur les trois aspects principaux suivants : 1) formation artisanale (technique); 2) formation « graphique » (représentation par le dessin et la peinture); 3) formation scientifique-théorique;
- les étudiants progressent selon les étapes successives d'apprenti, compagnon et maître.

À ce programme préliminaire fit suite un programme plus détaillé en 1921 dans lequel la structure pédagogique s'est légèrement modifiée. Alors que la formation artisanale est maintenue, avec une liste impressionnante de métiers proposés (tailleur de pierres, stuccateur, sculpteur sur bois, céramiste; forgeron, serrurier, fondeur, tourneur sur métal, ciseleur, émailleur; ébéniste, tourneur sur bois; peintre de fresques, de chevalet, sur verre, mosaïste; graveur sur cuivre, sur bois, lithograveur; relieur; tisserand, brodeur, imprimeur sur étoffe), la formation « graphique » précédente se transforme en « étude de la forme » *(Gestaltungslehre)*, c'est-à-dire en une formation esthétique où l'accent porte sur une approche qu'on qualifierait aujourd'hui de théorique, alors que la formation scientifique-théorique n'est plus présentée que comme un ensemble de « matières complémentaires » (matériaux et mécanique, physique et chimie des couleurs, comptabilité et gestion, histoire de l'art et culture générale).

On retiendra de ce rappel la conclusion suivante: le programme du Bauhaus de Weimar est bâti selon une structure bipolaire comprenant d'une part une formation technique, de l'autre une formation esthétique-théorique (science de l'art), le tout complété par des apports « scientifiques » divers (Fig. 1). Cette structure de base s'explicite dans les dispositions particulières qui caractérisent sa mise en oeuvre. En effet, l'enseignement est confié à deux « maîtres » auprès desquels les élèves sont tenus de se référer: le « maître de forme » pour l'aspect esthétique-théorique et le « maître d'atelier » pour la partie technique et artisanale. Par ailleurs, chaque élève doit, pour satisfaire aux exigences pédagogiques, obtenir un diplôme de la Chambre des métiers qui en fera un artisan confirmé, ainsi qu'un second diplôme, délivré par le Bauhaus, qui atteste sa formation « artistique » générale.

Modèle théorique

Il conviendrait d'effectuer le même exercice d'analyse des programmes des autres « versions » historiques du Bauhaus (y compris celles des deux successeurs de Walter Gropius en Allemagne, Hannes Meyer et Mies van der Rohe), examen qui dépasse le cadre de cet essai et qui a été présenté ailleurs.[8] Nous en déduisons le modèle général suivant:

Toute institution se réclamant de la tradition du Bauhaus présente un programme pédagogique s'inspirant d'un programme « archétypique » construit à partir d'une structure ternaire **technique-art-science** (Fig. 2). Selon les directeurs respectifs, selon les particularités du contexte politique, scientifique, technologique, économique et culturel, bref, selon les représentations

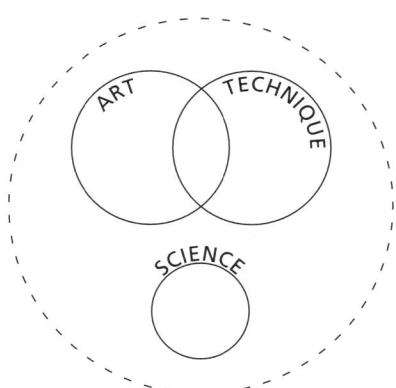

Fig. 1
Bauhaus
Gropius
1919-1928
Weimar, Dessau

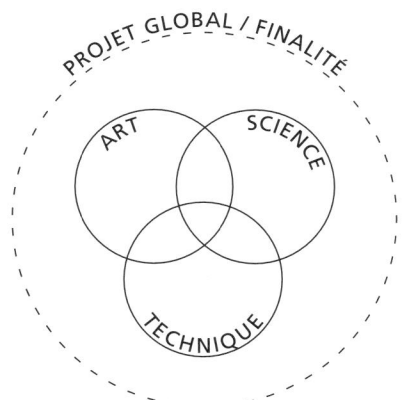

Fig. 2
Archétype (« urmodell ») d'un programme d'ecole de design

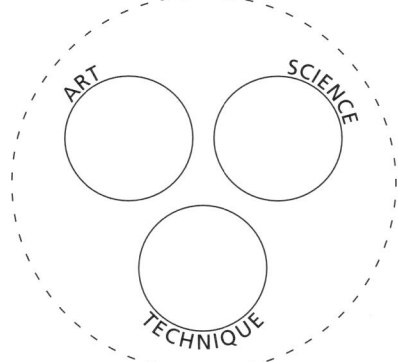

Fig. 3
New Bauhaus School of Design Institute of Design
Moholy-Nagy, Chermayeff
1937-1995
Chicago

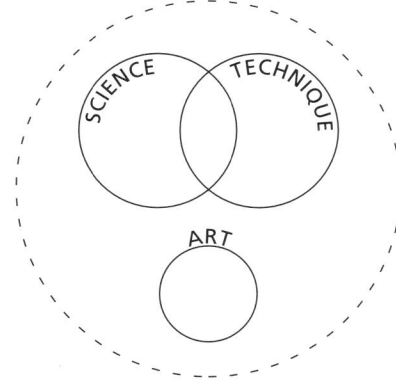

Fig. 4
Hochschule Für Gestaltung
Maldonado, Aicher, Ohl, Rittel, etc.
1958-1968
Ulm

qu'on se fait, à un moment historique donné dans le pays concerné du profil idéal des professionnels responsables de l'environnement construit, cet archétype prendra une forme concrète déterminée, sous laquelle il se pourrait même qu'il soit devenu méconnaissable (Fig. 1, 3 et 4). Nous verrons plus tard comment il convient de compléter ce modèle pour éviter que sa trop grande généralité lui fasse perdre sa pertinence historique et sa fécondité méthodologique.

Afin d'être complète, notre modélisation devrait dépasser ce premier stade descriptif pour examiner plus en profondeur la nature exacte des liens reliant les trois domaines qui le constituent : est-elle de type logique, inclusif, dialectique, déductif, polaire, exclusif, ancillaire, etc.? concerne-t-elle les contenus ou seulement les méthodes? comment se rattache-t-elle aux instances de la logique (épistémo- et méthodologie), de l'éthique et de l'esthétique? On comprendra qu'un tel examen nous entraînerait trop loin et qu'il faudra se contenter de cette première approximation.[9]

Notre modèle permet désormais de dire, non seulement en quoi les diverses institutions se ressemblent, mais encore en quoi elles se distinguent. Il permet également, au demeurant, à toute future institution de se positionner au sein de cette tradition, car il ressort à l'évidence qu'effectuer le choix d'une forme particulière de structure parmi toutes celles possibles exige qu'on explicite soigneusement ses objectifs, ses intentions, ses finalités. Nous y reviendrons.

Le cours préliminaire (*Vorkurs, Grundlehre, Preliminary Course, Foundation Course*) et le basic design

Par-delà et en dépit des différences, parfois considérables, qui caractérisent les versions historiques du Bauhaus telles qu'illustrées par les trois modèles ci-dessus, il est remarquable de noter que toutes ces institutions ont maintenu une composante essentielle à leur programme pédagogique : le cours préliminaire de première année qui, ainsi que l'indique notre titre, a connu plusieurs appellations. Ce qui doit nous retenir ici, c'est que cette composante était considérée comme une préparation incontournable pour chaque candidat en vue de la poursuite de ses études dans le laboratoire ou le département spécialisé de son choix. L'activité principale qui s'y déroulait est demeurée l'une des « étiquettes » les plus représentatives du Bauhaus : le *basic design*. Ses exercices et les réalisations des élèves ont été illustrés abondamment dans de nombreuses publications, sans que ces images – ces icônes – aient toujours bénéficié des explications et du discernement nécessaires pour être bien comprises. Le formalisme et le néo-académisme qu'on

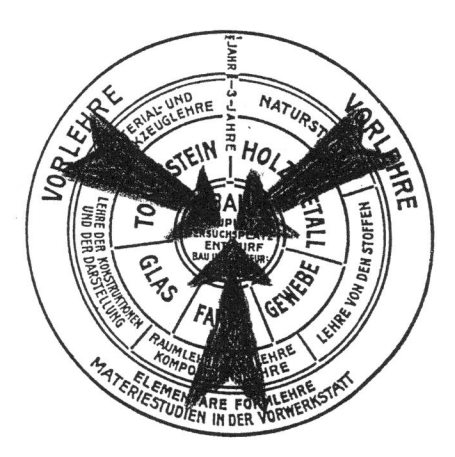

Fig. 5
Les deux cheminements d'un élève au Bauhaus selon Walter Gropius : « extérieur », du cours préliminaire jusqu'au diplôme professionnel (à gauche) et « intérieur », analogue à la croissance d'un arbre.

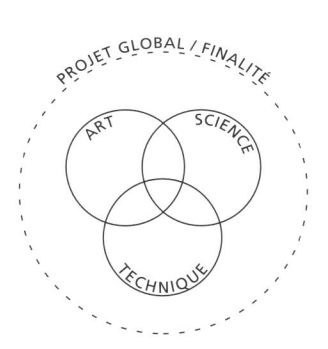

Fig. 6

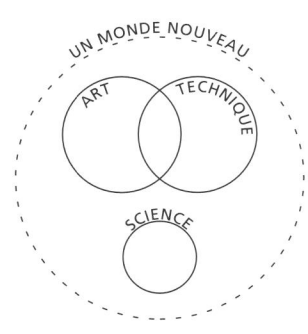

Bauhaus
Gropius
1919-1928
Weimar, Dessau

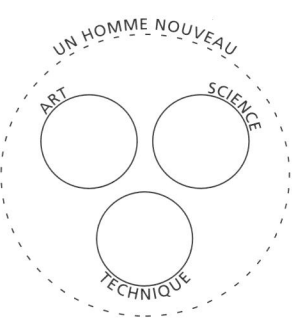

New Bauhaus School of Design
Institute of Design
Moholy-Nagy, Chermayeff
1937-1995
Chicago

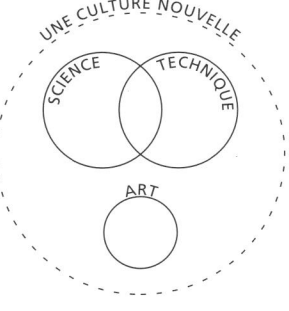

Hochschule Für Gestaltung
Maldonado, Aicher, Ohl, Rittel, etc.
1958-1968
Ulm

reproche parfois – à juste titre – à cet enseignement en sont la conséquence. Ils résultent néanmoins, non pas du **principe** du *basic design*, mais de son **application** abusive et confuse.

Les divers historiens et commentateurs ont surtout insisté sur le fait que le cours préliminaire était destiné à stimuler la créativité des élèves. Une analyse approfondie démontre que cet aspect est plutôt secondaire, et que l'accent était davantage placé sur l'acquisition d'un ensemble de compétences et de qualités diverses : sens de l'observation, discernement, expérience intime des propriétés et des qualités des matériaux (mécaniques, structurales, technologiques, esthétiques, etc.), développement du sens esthésique (toucher, odorat, vue, etc.), rigueur, soin, familiarisation avec les outils et les machines, sens de l'économie du geste artisanal et conceptuel, etc.[10] On en conclut que le cours préliminaire et le *basic design*, dans leur principe, résument à eux seuls la polarité fondamentale sur laquelle s'édifient l'enseignement des disciplines du design (architecture, graphisme, design d'intérieur, design industriel, etc.) ainsi que celui des métiers d'art. Sous la forme très générale d'une polarité esprit/matière, celle-ci se retrouve le plus souvent sous les formes plus reconnaissables suivantes : théorie/pratique, connaissance/action, conception/réalisation, dessein/dessin. À ce titre, on s'aperçoit qu'elle régit, d'une façon générale, toute action humaine sur et dans le monde. Elle est, dira-t-on, l'une de nos structures anthropologiques les plus fondamentales.

Cette polarité esprit/matière se révèle, singulièrement, à tout oeil averti qui considère les deux déviations, les deux pièges majeurs dans lesquels est susceptible de s'engager la pratique des métiers d'art. Au cours du XXe siècle, celle-ci n'a pu éviter de s'engager dans ces deux voies. Il s'agit, premièrement, de la tendance des métiers d'art à se soumettre à la rationalité et au déterminisme de la technique et du marché, sous la forme, notamment, du design industriel tel qu'il est compris et promu par les dirigeants d'entreprise et les gouvernements nationaux. Les exemples historiques et contemporains de cette déviation sont trop nombreux pour qu'il soit nécessaire d'insister ici : « Design for industry », « Design for business », « Design for sales », etc. Nous sommes ici en présence du premier pôle, celui de la **matière** (au sens philosophique). Deuxièmement, et à l'opposé, on relève la tentation de l'art conceptuel ; j'entends par là une pratique des métiers d'art qui, sous une forme de maniérisme qui leur est propre, s'abandonne presque exclusivement à la séduction du concept. Cette déviation, plus récente historiquement, est très présente actuellement. Elle correspond au pôle de l'**esprit**.

Il y a bien d'autres façons que celle que j'ai choisie ici, non sans cynisme il est vrai, pour dégager la polarité fondamentale, **esprit/matière**, qui régit le *basic design* et la pratique des métiers d'art. Peu importe, elles nous mèneront aux mêmes conclusions. On peut donc affirmer que l'essence de tout acte de design ou d'artisanat consiste en une confrontation entre le monde intérieur de l'artiste et le monde extérieur de la matière, chacun des mondes agissant selon sa rationalité propre. L'oeuvre d'art qui en résulte porte inévitablement les traces de cette interaction entre les deux mondes, et elle n'est réussie que si celle-ci s'est résolue de façon harmonieuse et équilibrée, sans que l'un n'ait pris le dessus sur l'autre.

Il en va de même de toute action humaine, si l'on étend l'acception de la notion de monde extérieur. Une action juste est en effet le résultat de la confrontation d'une intention humaine surgie d'une libre décision, avec le milieu physique, biologique, social et culturel dans lequel elle s'engage. Dans une telle perspective, le travail artisanal peut être considéré comme un paradigme de l'agir humain le plus noble, ainsi que les traditions du compagnonnage et de l'alchimie l'avaient bien compris. Dans un chapitre intitulé « Métiers anciens et industrie moderne », René Guénon nous rappelle en effet « l'existence d'une initiation liée aux métiers et prenant ceux-ci pour base ou pour « support » »; « il faut donc, poursuit-il, que ces métiers soient encore susceptibles d'une signification supérieure et plus profonde ».[11] C'est précisément cette signification, dont des artistes comme Itten et Moholy-Nagy étaient parfaitement conscients, qui se révèle en situation pédagogique, à condition que celle-ci soit convenablement conçue. Et la précision que fournit Guénon aurait très bien pu paraître telle quelle dans n'importe quel programme du Bauhaus :

> « Ce qui est simplement « appris » de l'extérieur est ici [dans l'enseignement profane] sans aucune valeur, quelle que soit d'ailleurs la quantité des notions ainsi accumulées [...]; ce dont il s'agit, c'est d' « éveiller » les possibilités latentes que l'être porte en lui-même ».[12]

Or ce potentiel analogique de la pratique artisanale, dont on entrevoit immédiatement la vertu pédagogique, ne peut être perçu par la vision du monde positiviste et matérialiste qui nous caractérise. Il mérite cependant d'être approfondi et pour cela, je m'appuierai sur la pratique alchimique.

Bauhaus et alchimie

Il n'est pas rare d'entendre des artisans d'art évoquer l'alchimie à propos de leur travail. Précisons cette allusion pour en dissiper les interprétations hasardeuses et fantaisistes. L'alchimie est une vision du monde, plus précisément une philosophie de la nature, qui part du principe de l'unité de tous les règnes naturels, dans laquelle les mêmes lois sont à l'oeuvre. Ce sont ces lois qui régissent ce qui est en haut et en bas, ce qui est dedans et dehors, ce qui est matériel et spirituel, ce dont traitent cosmologie et anthropologie. Ainsi, le macrocosme (monde extérieur) et le microcosme (monde intérieur) sont des images l'un de l'autre, qu'il est nécessaire d'examiner tant avec les « yeux de chair » qu'avec les « yeux de feu ». Contrairement à celle de nos sciences modernes, l'épistémologie de l'alchimie privilégie l'analogie comme mode de connaissance. Ainsi s'explique le travail de l'alchimiste qui, par ses manipulations, s'applique à percer les lois de la matière afin d'accéder à celles de l'esprit, après y avoir été préparé (« initié ») adéquatement :

> « L'alchimiste cherche à retrouver dans sa cornue tous les phénomènes de la nature et de la vie : la vie et la mort, la procréation et la décrépitude, la métamorphose et la maturité, les transformations des plantes et des animaux, et bâtit ses allégories autour de l'oeuf, de la naissance, de la vierge et du roi. Dans la nature de chaque sujet, rien d'autre, au fond, n'a d'intérêt que la recherche du germe qu'il est capable de produire. C'est par lui qu'il est possible d'accéder à une véritable connaissance de la réalité : celle qui est en nous aussi bien qu'autour de nous ».[13]

À mesure qu'il progresse dans la connaissance de la matière, il se rapproche « du point où l'homme naît à lui-même » (Maurice Bellet), tout en sachant que sa quête ne s'achèvera jamais. Et c'est pourquoi aussi on trouve toujours, dans son laboratoire, d'un côté le fourneau et de l'autre l'autel.

Que le cours préliminaire puisse constituer un lieu où un travail « intérieur » prend appui sur le travail « extérieur » et que, par conséquent, la pratique des métiers d'art bien comprise (c'est-à-dire menée de façon réflexive et consciente) puisse être un moyen privilégié de formation de « l'honnête homme » comme on disait encore au XVIIIe siècle, ou de « l'homme intégral » comme on disait au Bauhaus, voilà vers quoi s'oriente la réponse à la question posée dans le titre. Cet objectif était explicite chez Gropius lorsque, dans une lettre, il expliquait qu'un élève, au Bauhaus, cheminait selon deux itinéraires opposés. Le premier, extérieur, correspond à la progression dans le programme, de la première à la dernière année, et s'effectue de façon centripète sur le diagramme bien connu de la structure pédagogique (Fig. 5 à gauche). Le second, écrit Gropius, est semblable à la croissance radiale d'un arbre et correspond à l'accroissement d'humanité et de responsabilité de l'élève au cours de son cheminement (Fig. 5 à droite). Ce cheminement « intérieur » est attesté par les témoignages des élèves, à l'image de celui-ci :

« On construisait des compositions tridimensionnelles en bois; on découpait soigneusement, ponçait et assemblait [...] mais toujours avec la conviction que tout ceci n'était qu'un jeu sans signification, un non-sens [...] **Alors je fis une expérience importante et capitale**. J'avais combiné un exercice d'équilibre avec ma seconde sculpture en bois, mais n'avais porté mon effort que sur son attrait esthétique. À l'occasion de ma troisième composition sculpturale, je pris conscience de l'attraction terrestre; c'est-à-dire, je savais déjà que la gravitation existait, mais ce n'est qu'à cette occasion que j'ai fait l'expérience, voyez-vous, avec mon coeur, avec ma raison, avec chacun de mes nerfs j'ai fait l'expérience de la force de l'attraction terrestre. Vous savez j'espère ce que l'on ressent lorsqu'on saisit soudainement quelque chose que l'on savait déjà, [...] avec une incroyable rapidité et avec insistance, avec son moi tout entier [...]. **J'étais si libre, si décoincé, si explosé-de-bonheur, comme jamais je ne l'avais encore été dans ma vie. Je me sentis comme un nouveau-né** ».[14]

Dans la perspective qui vient de s'ouvrir à nous, il n'est donc pas déplacé d'effectuer un parallèle entre le travail alchimique et le cours préliminaire du Bauhaus, dans la mesure où l'on conviendra que l'objectif des exercices dépassait largement la réalisation matérielle d'artefacts de toutes sortes. Devenir plus humain, c'est-à-dire réaliser la promesse d'humanité qui se trouve en tout être humain, voici comment pourrait se résumer la « signification supérieure » d'une telle pédagogie, permettant d'« éveiller les possibilités latentes » des élèves, de façon à ce que, « comme des nouveau-nés », chacun ou chacune d'entre eux puisse renaître à soi-même.

Conclusion: en quoi la tradition du Bauhaus peut-elle nous instruire aujourd'hui?

C'est principalement aux écoles d'architecture, de design et d'arts appliqués que s'adresse la conclusion mais on aura compris que toute autre institution de formation professionnelle est en droit de se sentir concernée également.

La structure « archétypique » ternaire **science-art-technique** est apparue tout indiquée pour servir de base à n'importe quel programme pédagogique soucieux de former de façon équilibrée des professionnels compétents et responsables. Il en est ainsi car elle correspond aux trois fonctions anthropologiques fondamentales: pensée, sentiment, volonté. Un soin tout particulier doit être apporté à préciser la nature des relations entre les trois composantes de base de la structure, dans le détail desquelles nous ne pouvons entrer ici. Il s'agit notamment de se démarquer des modèles de la science **appliquée** et de l'art **appliqué** pour caractériser les disciplines concernées, au profit des notions plus existentielles de science « engagée » ou d'art

« engagé » dans une pratique. La qualité de cet « engagement » est déterminée par le fait que pour aucune des institutions analysées ci-dessus, la construction du programme pédagogique ne s'est effectuée sans être assujettie à une finalité plus globale: édification d'un « monde nouveau » pour Gropius au Bauhaus, formation d'un « homme nouveau » pour Moholy-Nagy à Chicago, conception d'une « culture nouvelle » à Ulm (Fig. 6). Il ne m'appartient pas bien entendu de décider de la finalité qui conviendrait le mieux à l'époque actuelle, mais il demeure que cette question doit être posée. Dans cette perspective, les regards actuels se dirigent à bon droit vers les questions environnementales. Une fixation trop exclusive sur l'environnement physique risque cependant de masquer une dégradation aussi, sinon plus, inquiétante, celle de l'environnement social et humain.

Nous avons vu par ailleurs l'ampleur des objectifs pédagogiques dont le principe du *basic design* pouvait se prévaloir, potentiellement du moins. L'analogie possible avec l'alchimie nous a permis d'entrevoir le *basic design* comme un ensemble « d'exercices spirituels » au sens où l'entend Pierre Hadot dans la description érudite qu'il en donne et dans la démonstration qu'il fait que cette tradition pédagogique court tout au long de l'histoire de la philosophie, depuis les Grecs jusqu'au XXe siècle.[15] En un temps où le mot « éthique » est omniprésent, sinon comme pratique, du moins comme programme, il est clair que des exercices de *basic design* ainsi compris contribueront à former des praticiens non seulement plus compétents, mais aussi plus responsables. Qui pourrait contester la pertinence d'un tel programme, vu le désarroi dans lequel se trouvent actuellement les sciences de l'éducation et l'école? Si le Bauhaus a su discerner ce potentiel dès le début, je ne suis pas certain qu'il soit nécessaire ou même judicieux de considérer le *basic design* comme un **préalable** à une formation professionnelle spécialisée. Je le verrais bien plus comme une activité menée **en parallèle** à celle-ci, tout au long des études; ce serait ainsi le laboratoire de recherche où se réaliserait, progressivement, cette « alchimie » anthropologique, et où l'élève, tout en devenant architecte, designer, artisan ou autre, travaillerait à sa « statue intérieure ».

Notes

1. Citons, entre autres ouvrages, peu nombreux, il est vrai, celui dirigé par une autorité en la matière, dont le titre est également sous forme interrogative : Rainer Wick, *Ist die Bauhaus Pädagogik aktuell?*, Cologne, Verlag der Buchh. Walter König, 1985. Voir aussi Tomás Maldonado, « Is the Bauhaus Relevant Today? », *Ulm* (revue de la HfG), 8/9, sept. 1963, p. 5-13, repris dans *bit international* (Zagreb), 4, 1969, p. 9-18, et les commentaires soulevés par cet article dans *Ulm*, 10/11, mai 1964, p. 62-73, par W. Gropius, G. Dorfles, J. Albers et R. Barham.

2. L. Moholy-Nagy, exergue à son ouvrage *Von Material zu Architektur*, Munich, Albert Langen, 1929 (série des Bauhausbücher, no 14). 1ère éd. américaine : *The New Vision*, New York, Brewer, Warren & Putnam, 1930; 2e éd. revue et augmentée : New York, W.W. Norton, 1938; 3e éd. revue : New York, G. Wittenborn, 1947. Dans le langage de Moholy-Nagy, il faut comprendre « biologique » dans une acception phénoménologique, expérientielle, ainsi qu'en témoignent les traductions anglaises successives qu'il a choisies : « a more personal approach » puis « a direct contact ».

3. Bernard Bürdek, *Design. Geschichte, Theorie und Praxis der Produktgestaltung*, Cologne, DuMont, 1991, p. 335-336, paragraphe intitulé « Ein elektronisches Bauhaus ».

4. H. van de Velde, *Récit de ma vie*, texte établi et commenté par A. van Loo avec la coll. de F. van de Kerckhove, Bruxelles, VersA, et Paris, Flammarion, tome I, 1992, p. 221.

5. *Ibid.*, p. 191 et 193.

6. Sur l'évolution de l'enseignement des arts appliqués en Allemagne et l'influence des sécessionnistes à la fin du XIXe siècle, voir E. Mai, « Zur Vorgeschichte des Vorkurses. Künstlerausbildung an Kunstakademien vor und um 1900 », *op. cit.* note 1, p. 11-27.

7. Les rares ouvrages en français sur le Bauhaus ne reproduisent que le texte du manifeste. Nous n'en avons trouvé aucun qui publie le texte de deux pages décrivant le premier programme du Bauhaus.

8. On pourra se reporter aux publications suivantes de l'auteur : « Bauhaus Education and After : Some Critical Reflections », *The Structurist* 31/32, 1991/1992, p. 32-43; « The Bauhaus : Avant-Garde or Tradition? », *The Structurist*, 29/30, 1989/1990, p. 56-63.

9. Une analyse plus approfondie nous conduirait à conclure à la généralisabilité du modèle ainsi développé à tous les enseignements professionnels, pour lesquels notre archétype se présente comme une structure idéale : médecine, droit, ingénierie, etc. C'était déjà l'intuition de Moholy-Nagy, que nous avons été amené à poursuivre dans le cadre de nos travaux au sein de l'Association européenne de modélisation de la complexité, placée sous la bienveillante direction de Jean-Louis LeMoigne.

10. Pour une analyse approfondie du cours préliminaire, voir A. Findeli, *Le Bauhaus de Chicago. L'oeuvre pédagogique de László Moholy-Nagy*, Québec, Septentrion et Paris, Klincksieck, 1995.

11. R. Guénon, *Le règne de la quantité et les signes des temps*, Paris, Gallimard, 1945, chap. VIII, p. 79-87.

12. Témoignage de l'élève Fritz Kuhr dans bauhaus, vol. II, no 2/3, 1928, p. 29.

13. H. Schipperges, « Structures et processus de transmission de la tradition alchimique », *in L'Alchimie. Histoire, technologie*, Paris, Belfond, 1972, p. 76 (Titre original allemand : *Alchimia*, Munich, Heinz Moos, 1972).

14. Cette interprétation de la pédagogie du Bauhaus a été approfondie à propos de Moholy-Nagy dans les publications suivantes de l'auteur : « László Moholy-Nagy, alchimiste de la transparence. Essai d'herméneutique », *Acta Historiae Artium* (Budapest), 37, 1994-1995, p. 248-272 et « Moholy-Nagy, der Alchimist : Ein Schlüssel zur Interpretation seines Werkes », in G. Jäger (dir.), *László Moholy-Nagy : update*, Bielefeld, Kerber Verlag, 1997, p. 189-198.

15. P. Hadot, *Exercices spirituels et philosophie antique*, Paris, Inst. d'Études Augustiniennes, 1993 (3e éd.). Voir aussi, du même auteur, *Qu'est-ce que la philosophie antique?*, Paris, Gallimard, 1995.

Liste des illustrations

Fig. 1 La structure pédagogique du Bauhaus de Walter Gropius (1919-1928).

Fig. 2 La structure archétypique des programmes pédagogiques des diverses institutions se réclamant de la tradition du Bauhaus.

Fig. 3 La structure pédagogique du New Bauhaus, School of Design, Institute of Design sous les directions respectives de László Moholy-Nagy (1937-1945) et Serge Chermayeff (1946-1951).

Fig. 4 La structure pédagogique de la Hochschule für Gestaltung de Ulm de 1958 à 1968.

Fig. 5 Les deux cheminements d'un élève au Bauhaus selon Walter Gropius : « extérieur », du cours préliminaire jusqu'au diplôme professionnel (à gauche) et « intérieur », analogue à la croissance d'un arbre.

Fig. 6 Chacune des institutions et son programme pédagogique correspondant s'inscrivent dans une finalité plus globale

Craft in Architecture/
Architectural Craft

Myriam Blais

The Meaning of
Techniques and Materials

Le sens des techniques et des matériaux

Alors qu'il était courant pour les architectes du début de ce siècle d'être formés comme artisans, et que la construction constituait pour eux un tout complet fait de matériaux, de gestes et de formes qui se rencontraient presque simultanément, pour l'architecte d'aujourd'hui, la compréhension des matériaux est plutôt intellectuelle et l'idée de construction traditionnelle est maintenant divisée en parties distinctes. Toutefois, en ce moment où les liens qui ont historiquement uni l'artisanat et l'architecture sont bien difficiles à apprécier, la tradition des métiers d'art – spécialement ceux associés à la construction – permet de repenser la forme architecturale en termes du « travail » qui a participé à sa création. Et l'évidence de ce travail devrait apparaître dans les traces qu'il laisse sur les matériaux et dans la réflexion qui les supporte.

En effet, les exhortations d'une certaine critique architecturale sont de plus en plus insistantes à encourager une considération renouvelée de la matérialité de l'architecture et de ses aspects tactiles et sensuels, par opposition aux images faciles et spectaculaires d'une grande partie de l'architecture contemporaine. Face à la dématérialisation progressive de l'architecture et à sa participation à des modes stylistiques, une réflexion sur des opérations culturelles telles la production des matériaux et la production des techniques de leur mise en oeuvre s'impose. À cet égard, la façon artisanale par laquelle le sens d'un matériau a traditionnellement été construit et qualifié, anticipant en quelque sorte sur les techniques de mise en oeuvre qui leur seraient appropriées, offre des pistes de réflexion intéressante aux architectes.

L'oeuvre de Gottfried Semper, architecte et théoricien allemand (1803-1879), sert aussi de support à cette réflexion, insistant sur la dimension symbolique et le potentiel de représentation des matériaux et des techniques de construction. Ainsi, l'architecture ne correspond pas à la simple utilisation d'un matériau. Elle en est plutôt la célébration à travers une profonde réflexion sur les techniques de leur mise en oeuvre et leur histoire. Cette activité est métaphorique, en ce sens qu'elle est la remémoration à la fois d'une idée et des techniques qui ont permis sa première matérialisation, à travers les traces insistantes du travail de l'artisan ou de l'architecte et de la réflexion qui les supportent.

So then, veneration of matter: is anything more fitting for the spirit? Whereas spirit venerating spirit... can you see that? One only sees too much of it!

Francis Ponge, «La terre»

There is nowadays some disquiet about a large portion of the contemporary architectural production. This uneasiness, according to various critics of architecture, seemingly stems from what has been called a "crisis of figuration" in architecture, that is, an abuse of superficial "scenography" through which our discipline produces spectacular images for the exclusive benefit of quick consumption and fashion trends.[1] Accordingly, it has become more and more difficult to understand where the value and the meaning of architecture are to be found, and consequently, to recognize ourselves (as a culture) in it.

In attempting to seek common grounds between architecture and crafts, my position as an architect is based on no pretention whatsoever of having an exhaustive knowledge of traditional or contemporary crafts. Nevertheless, I believe that the disquiet we are experiencing corresponds to the fact that the interrelations that have historically characterized and united architecture and the crafts associated to construction have been lost or forgotten altogether. Recovering architecture's meaning may depend, as I will explain, on a reconsideration and reinterpretation of the history and tradition of those crafts. From the outset, it seems fitting to base my argument on three facts which loom large in the actual production of architecture:

i the history of architecture has rarely been made by architects, that is from the stand-point of those who actually design and build things. Architects thus have an ambivalent relationship to the history of their discipline, because it has for a long time mostly dealt with buildings' stylistic characteristics. It looks as if materials and construction techniques have not been deemed worthy of being presented as a legitimate support for an original appreciation of architecture;

ii the important changes in construction techniques that our century has witnessed have transformed secular ways of building almost completely. More economical structural frame systems of concrete or steel replaced rather monolithic ways of building with masonry. Moreover, the recent energy crisis has steadily imposed new performance and durability criteria according to which construction is now based upon successive "layers of functions" (not layers of materials), thus becoming much more immaterial.[2] In this way, a profusion of new and mostly synthetic materials which often try to imitate the appearance of traditional building materials has come about, hence the above-mentioned crisis of figuration;[3]

iii and finally, but not least important, architects are no longer trained as artisans for whom construction constituted an activity involving materials, gestures, tools and forms comprehended through their interrelations, according to a long tradition.[4] For today's architects, this idea of construction is difficult to imagine and comprehend because they have a different way of grasping any process of construction; they thus have a more detached and intellectual attitude towards materials and construction techniques.

It is of course naive to ignore the impact of such conditions on our discipline because architecture, as a practical art, has to adapt to new contingencies. Is it possible to give meaning back to the way materials and techniques of construction are to be thought of and used? A short inquiry into some historical sources may hold relevant clues.

As far back as 1853, Gottfried Semper, a German architect and theoretician (1803-1879), already held the opinion that "the consciousness of the intimate connections, which exist between the different branches of knowledge and skill, has been lost."[5] This statement was also linked to another rather troubling one for the architectural profession, that is, that "architecture begins with the history of practical arts."[6] The fact that architecture may originate in some practical arts constitutes a thesis which, as surprising as it may sound today, deserves serious attention.[7] If the ties between knowledge and skill no longer exist, is it worthwhile to try and knot them again?

The work of the artist/architect

To describe the architect's work as a synthesis between intentions and materials may still constitute an adequate and common sense definition. The expression "constructive truth" (or "truth of construction") is a patent instance of this evidence.[8] For after some modern and postmodern times – during which construction entertained few connections with the knowledge that has traditionally characterized architecture – our discipline attaches a renewed and growing value to it. In comparison to value judgments or ideology, "truth of construction" appears to be a more objective criteria for judging an architect's work, becoming in some way "stronger than the architectural arguments that played this central role in the past".[9] In making explicit the sincerity of the construction methods and materials needed to bring a building forth, "truth of construction" mostly aims at expressing the logic that goes directly from means to buildings.[10]

If this revaluation of the architect's work and of construction seems overly factual, it is nevertheless a recognition that the quality and value of architecture rest on some kind of enhancement of the very art of building, as Semper suggested. Although his worry with regards to the lost links between knowledge and skill remains real, I do share his optimistic belief that in order to save the artist's work – at the crossroads of architecture and craft – one needs first to acknowledge that these connections may have been lost, and then to work at rediscovering them.

Considering the growing consensus with regards to the value of the artist's or architect's work, some authors point out that such work should appear in the lingering or insistent traces it leaves on materials and in the way they have been assembled.[11] In looking for the meaning of these traces, two options should be investigated: that of materials and that of techniques of assembling.

Matter and materials

An artist's ambition, according to the Viennese architect Adolf Loos (1870-1933), is that "his work [be] independent of the value of the raw material" she or he uses.[12] Since gold for instance has no more value than stone in Loos's eyes and hands, the artist's work may become an object of real admiration because of all the imagination involved in it. However, Loos quickly and lucidly measured the far-ranging ramifications of this suggestion. Since labour costs money, lack of money inevitably leads to faking it and to imitating materials believed to be more valuable because they are more costly.

The results of this sad kind of imitation, which already during Loos's time had undermined a large part of the crafts, are relevant because we also strongly feel the effects of a similar lack of money. The actual production of premanufactured materials depends on efficiency and on market competition: it no longer originates "from the experience of construction".[13]

For matter and material are different things: matter is a mere substance, whereas the term material represents the aptitude that the artist recognizes in matter to be assembled in construction. A material is always thought of in terms of construction, and the artist invents materials, as a synthesis between the matter of which it is constituted and the specific culture that gives it meaning in construction.[14] Turning matter into materials constitutes the very first artistic and creative gesture: it is the origin of construction and, consequently, of architecture.[15] Architects bear very little if any such responsibility anymore, new materials are provided beforehand, according to the rules of the market. This represents an important and damaging loss for the architect, and for architecture as well, because the cultural prefiguration of construction that was traditionally implicit in the making of materials does not seem relevant for today's architectural art. I speak of architectural art purposefully, in order to lead my argument one step further: that of the question of imitation in art.

Imitation in art and architecture

According to Demetri Porphyrios, art has no other goal than "to imitate the world" by means of images, that is to represent our situation in the world as we understand or invent it for ourselves.[16] Imitation in terms of "resemblance by means of an image" may therefore become, in the artist's hands, a particularly inventive tool, as long as it is not mistaken for a sterile attempt to simulate through "identity" – the "fake" that Loos disparaged so strongly. Similarly, Karsten Harries has suggested that there has existed, in the course of architectural history, a few meaningful "constructive solutions" that we associate with important types of buildings and think of as bearers of enduring value. These buildings have acquired, these authors insist, a natural authority through force of habit, tradition and consensus. For the artist, it seems legitimate to wish to commemorate these ingenious solutions.[17] This is when the work of imitation and imagination truly begins, as the artist draws his or her model from the crafts and skills associated with the construction of this ideal building. In this way, architecture aims at making us understand "the building craft from which it is born, from which it detaches itself, and to which it alludes".[18]

The meaning of the artist's work is to be found in the imaginative act, which keeps the memory of the original crafts of construction – even in a contemporary manner. It is a question of resemblance by means of image (through imagination), not one of faked identity as Loos described the work of "imitators and surrogate architects":

> "the human soul is too lofty and sublime for you to be able to dupe it with your tactics and tricks. Of course, our pitiful bodies are in your power. They have only five senses at their disposal to distinguish real from counterfeit. And at that point where the man with his sense organs is no longer adequate begins your true domain. There is your realm."[19]

A recent decline in the importance of all our senses of perception, except sight, has contributed to making materials rather superfluous in our appreciation and understanding of architecture.[20] When some of our senses are kept at bay, because of the distance that is intentionally maintained between us and a work of architecture as a mere visible object, the very possibility of experiencing this work withdraws and the domain of "imitators and surrogate architects" begins. As Gerhard Auer noted, as soon as real materials can be easily imitated, as it is the case today, they become an important issue again.

Commemoration of techniques – celebration of materials

Recent contemporary architectural criticism insists on seriously reconsidering materiality in architecture, along with its tactile and sensuous aspects, in opposition to the visual character of contemporary architecture.[21] It is not surprising that such interest in materials coincides with renewed interpretations of Semper's and Loos's theories because, as architects, they have always been respectful of, and curious about, artisans and their skills. If history, as Joseph Rykwert claims, is a way of relating to the past, through a subjective and specific set of ideas, we will get the past that we deserve.[22]

The time has come for us to reclaim our architectural past, the history of the accumulation of knowledge, experience and ingenuity characteristic of skilled artisans, as the original crafts associated with construction demonstrated. This is the subjective set of ideas I think worth adopting now. A rediscovery of this past would contribute to a re-enchantment with materials and construction techniques. The actual dematerialization of architecture and the participation of many architects in mere stylistic fashions paves the way for the examination of the important cultural operations that materials and techniques constitute.

But as Semper clearly stated, it is necessary to "let the material speak for itself; let it step forth undisguised in the shape and proportions found most suitable by experience and by science"[23], for "every material conditions its own particular manner of formation by the properties that distinguish it from other materials and that demand a technical treatment appropriate to it."[24] The question of representation in architecture (the imitation by means of images defined by Porphyrios), as we have seen, implies that architecture is an interpretation of the place human beings assign themselves in the world and in their own culture: it illustrates the comprehension they have of their own situation and tradition.[25] Accordingly, the philosopher Harries suggests that materials also have a potential for representation since representation does not imply being true to their properties. Representation means, above all, enhancing or highlighting materials.

In this way, architecture does not simply use materials; it celebrates them by reflecting their original and appropriate techniques of implementation and history. Materials will be known and presented "in truth," as Harries says, when they contribute to the memory and the re-interpretation of the ingenious skills and materials that allowed the first materialization of an original architectural idea. Such dealings with materials, on the architect's and artist's part, need to be worked through images. And the insistent traces of his or her work are concrete proof of the metaphorical activity that support them: material truth possesses a necessary symbolic and cultural dimension. Moreover, representation encourages technological innovation (in the sense of innovation for innovation's sake).

Fig. 1A

Fig. 1B

Sans titre
Montage and drawing by Sonia Gagné

The case of the enclosure

It is still common practice to think of architecture as the art of enclosing and qualifying space. The previous arguments may thus be illustrated with this most important architectural element in Semper's and Loos's view – the enclosure – because it represents what truly makes space real and tangible. Since the enclosure also plays the ethical role of making manifest and protecting the hearth of a building (for Semper, the hearth constitutes the moral element of a building), the representation of space by means of a wall will come prior to any structural consideration.

Without recalling all the subtleties of his work, it is important to note that Semper founded one of his most important theories – the dressing theory – on what he called the human instinct for order and ornament. The origins of architecture thus coincided, Semper argued, with the origins of the textile arts, that is with the first rugs or fabrics hung to any structural frame.[26] The first representation of the idea of enclosure materialized thanks to textile arts, where form and ornamentation occur simultaneously. The suggestions of Porphyrios and Harries about the craft-based origins of architecture are very much in keeping with Semper's own.

Semper adds – and this constitutes a most interesting aspect of his argument – that "the technique that was used as far back as man can remember, mainly for the enclosure of space, [...] must have had and retained the most lasting influence on the stylistic development of architecture proper."[27] In imitating weaving techniques by means of images (even if materials change or are substituted by others), an architect would get to the real value of architecture. If it is possible, as David Leatherbarrow subtly notes, "to interpret this argument as one that overlooks the unique qualities of materials in favor of the repetition of visible shapes and patterns, [it is a refusal on Semper's part] to abstract the comprehension of material qualities from human work and dwelling."[28]

This last suggestion, which implies that what we build, and the way we do it, are proof of our consciousness of the world, has recently reappeared in architectural discourse under the term "tectonics." Tectonics may be broadly defined as an attention to, and a curiosity for, both the material and conceptual dimensions of architecture. It involves an interpretation of techniques and materials as defined through culture and tradition, and it is concerned neither with the mere imitation of past styles nor with the explicit demonstration of technological feats.

Tectonics originates in the common knowledge that allowed the fabrication of significant collective representations, as in the case of a few ideal buildings, along with the materials and skills that made them real for the first time. Significant innovation is thus bound to re-interpreting these representations and traditions, for it is a question of imaginative experience and affinity with our architectural inheritance. Such representations originate in the skills and the art of building proper, for "artistic pleasure proceeds [...] from comparing the image with the model in order to reflect upon that which has been deemed essential for representation."[29] For today's architects, true acquaintance with the original crafts associated with the building art should take on new importance and meaning.

Notes

1 On that subject, see especially Andrew D. Vernooy, "The crisis of figuration in contemporary architecture", *The final decade. Architectural issues for the 1990s and beyond*. Center, vol 7 (1992), 93-110 and Kenneth Frampton, *Studies in Tectonic Culture. The Poetics of Construction in Nineteenth and Twentieth Century Architecture* (Cambridge: The MIT Press 1995).

2 Since the 70s, the energy crisis has imposed the installation of thick layers of thermal insulation to new buildings. This has brought about the complete independence of claddings from the building's structure, and consequently, a great deal of freedom in the architectural treatment of the facades.

3 At present, the production of construction materials is principally based on efficiency in providing quickly all sorts of new materials, in order to compete within the market's imperatives (Vittorio Gregotti, *Inside architecture* [Cambridge: The MIT Press 1996]). Sadly enough, architects are very little, if not at all, involved in the fabrication of those materials.

4 Martin Steinmann, "The presence of things", in *Construction Intention Detail* (Zürich – London: Artemis 1994) 8-25.

5 Gottfried Semper, "London lecture of November 11, 1853", *RES* 6 (1983), 8.

6 *Ibid.*, 9. Semper put these practical arts into four categories: 1) the arts of covering (or surfacing; weaving being for him exemplary in this category), 2) the ceramic arts, 3) wooden frame construction, and 4) stereotomy (cutting stone, in particular).

7 More and more authors share this opinion, see especially: Demetri Porphyrios, "Building & architecture", in *Building and rational architecture* (London: Architectural Design 1984), 7-9 and 30-31; and Karsten Harries, *The Ethical function of architecture* (Cambridge, The MIT Press 1997).

8 I borrowed these expressions from Virginie Picon-Lefebvre et Cyrille Simmonnet, *Les architectes et la construction* (Paris: Édition Altédia Communication 1994).

9 « Architecture et construction. Une discussion sur la nature de la relation entre conception et construction », Faces – *Journal d'architectures* 22 (1991), 18.

10 Cyrille Simonnet, « La vérité constructive: ses articulations, ses effets », Faces – *Journal d'architectures* 22 (1991), 4-9.

11 On this subject, see especially: Martin Steinmann, *op.cit.*; David Leatherbarrow, *The roots of architectural invention. Site, enclosure, materials* (Cambridge: Cambridge University Press 1993); and Pierre von Meiss, *De la forme au lieu. Une introduction à l'étude de l'architecture* (Lausanne: Presses Polytechniques et Universitaires Romandes 1993).

12 Adolf Loos, "Building materials" (1898), in *Spoken into the void. Collected essays 1897-1900* (Cambridge: The MIT Press 1982), 63.

13 Vittorio Gregotti, *op. cit*, 53.

14 G. Caniggia et G.L. Maffei, *Il progetto nell'edilizia di base* (Venezia: Marsilio Editori 1984).

15 G. Strappa, *Unità dell'organismo architettonico* (Politecnico di Bari, Facoltà di architettura 1995).

16 On representation in architecture, see the works of Demetri Porphyrios, *op. cit.*, and Karsten Harries, *The ethical function of architecture* (Cambridge, The MIT Press 1997).

17 Porphyrios, *op. cit.*, 30.

18 *Ibid.*, 31.

19 Adolf Loos, "The principle of cladding" (1898), in *op. cit.*, 69.

20 Gerhard Auer, "Building materials are artificial by nature", *Daidalos* 56 (June 1995), 20-35.

21 Such interest was recently brought to larger attention at the ACSA European Conference (Copenhagen, May 25-29, 1996) entitled *Construction of Tectonics for the Postindustrial World*, which followed a series of original works on the subject, among which: David Foster, "Tectonics and the art of building", *Column 5*. University of Washington Journal of architecture (1990), 38-47; Kenneth Frampton, *op. cit.*; Mitchell Schwarzer, "Tectonics unbound", *Any* 14. *Tectonics unbound* (New-York: Anyone Corporation 1996), 12-15; Eduard F. Selker, "Structure, construction, tectonics", *Structure in art and in science* (G.Kepes (ed). New-York: Braziller 1965), 89-95; Carles Valhonrat, "Tectonics considered. Between the presence and the absence of artifice", *Perspecta* 24 (1988), 122-135; Andrew D. Vernooy, *op. cit.*; Giuseppe Zambonini, "Notes for a theory of making in time of necessity", *Perspecta* 24 (1988), 2-23.

22 Joseph Rykwert, "A healthy mind in a healthy body?", *History in, of, and for architecture* (John E. Hancock (ed). Cincinnati: University of Cincinnati 1980).

23 Gottfried Semper, "Preliminary remarks on polychrome architecture and sculpture in antiquity" (1834), *The Four Elements of architecture and other writings* (Cambridge: Cambridge University Press 1989), 48.

24 Gottfried Semper, "Style: The textile art" (excerpt, 1860), *op. cit.*, 258.

25 Karsten Harries, "Representation and re-presentation in architecture", *VIA* 9, Journal of the Graduate School of Fine Arts, University of Pennsylvania (1988), 13-25.

26 On this subject, see Gottfried Semper, "Style: The textile art" (excerpt) (1860), *op. cit.*

27 *Ibid.*, 258.

28 David Leatherbarrow, *op. cit.* 203-204.

29 Porphyrios, *op. cit.*, 8.

John L. Brown

Tectonic Poetry: The Recovery of Craft in Wood Frame Construction

La poésie tectonique : la redécouverte de l'artisanat dans l'édifice à ossature de bois

Le devis détaillé est né sur la tombe de l'artisanat.

Cette citation tirée du livre « The Details of Modern Architecture » de Edward Ford décrit le resserrement progressif du contrôle exercé par les architectes professionnels sur les techniques de construction et les personnes chargées de les mettre en oeuvre. À compter du dix-huitième siècle, les responsabilités dévolues aux travailleurs manuels ont cédé le pas à des documents contractuels de plus en plus précis et exhaustifs.

Au vingtième siècle, le devis détaillé a largement débordé le cadre des directives de construction. Dans une évolution qui n'a cessé de s'accélérer, ce document qui décrivait un projet architectural s'est transformé en livre de recettes renfermant des normes de construction, des conditions types et des composants catalogués. La construction dépend désormais de considérations techniques et d'un souci d'optimisation technologique qui ont peu à voir avec l'intention architecturale.

L'artisanat est tout autre. Il réunit une habileté et une idée dans une activité où la construction est plus qu'un moyen, et le concept plus qu'une fin. Tant la notion du bâtiment que l'acte de construire constituent à la fois le moyen et la fin, transcendant ainsi la distinction ou le divorce entre la conception et l'exécution, entre l'esprit et la matière. Que l'artisanat soit menacé ne fait aucun doute;

peut-être agonise-t-il. Dans nos écoles, la structure relève des mathématiques abstraites, tandis que la technologie figure parmi les sciences appliquées; l'une et l'autre se retrouvent également marginalisées dans les programmes plus populaires d'histoire, de théorie et de conception architecturales. Ce divorce est renforcé dans nos cabinets, où l'on tend à établir une cloison entre le groupe de conception et le service de rédaction des documents contractuels. Trop souvent, l'architecture demeure l'apanage du groupe de conception, auquel il faut appartenir pour avancer et obtenir le statut d'associé, tandis que la rédaction des documents de construction ne vise qu'à limiter les responsabilités juridiques.

L'édifice à ossature de bois, type de petit bâtiment le plus répandu en Amérique du Nord, constitue peut-être l'exemple le plus criant de l'absence de perspective artisanale dans l'architecture contemporaine. Ce genre d'édifice repose sur des éléments géométriques simples, à savoir des plans, des lignes et des points. Ses éléments constitutifs (montants, poutrelles, clous, revêtement, cloison sèche, parement, isolation, pare-vapeur, couvre-joint) sont vendus partout à prix raisonnable; ils peuvent être manipulés par une personne seule possédant des aptitudes rudimentaires et des outils fort simples. En théorie, ces éléments peuvent être combinés en une riche variété de structures articulées recouvertes de couches multifonctionnelles. Malheureusement, la construction de ces édifices a été ramenée à un ensemble de techniques normalisées. Dans la plupart des devis détaillés, les caractéristiques originales ne constituent qu'un moyen, lorsque l'intention architecturale se limite au fini de surface, ou une fin, lorsqu'ils s'agit d'optimiser les contrôles environnementaux par la technologie.

À partir d'exemples tirés des travaux professionnels de l'auteur dans le domaine des édifices à ossature de bois, l'article propose un corollaire à l'énoncé de Edward Ford, à savoir que « le devis normalisé meurt sur le berceau de l'architecture artisanale ». L'artisanat traditionnel intègre la pensée et l'action dans l'esprit et le corps de l'artisan. L'architecture artisanale n'oblige pas le concepteur à construire l'édifice, mais à tenir compte de l'exécution concrète dans l'élaboration conceptuelle. La construction cesse alors d'être l'application d'un livre de recettes composé de normes, de conditions types et de composants catalogués; elle fait corps avec la conception. L'édifice à ossature de bois, forme vernaculaire de construction contemporaine, offre un terrain particulièrement vivant et riche pour explorer ces possibilités.

This paper describes a personal exploration of craft within vernacular wood frame construction.[1] It has evolved out of ten years of practice in, and teaching of, the role of making in architecture.[2] It is grounded in the belief that architectural intention is not found in symbols but resides at the intersection of space, materials, and use. Buildings are understood, their poetic intention is revealed, through the simultaneous experience of these elements in time. Within this theoretical context, craft is understood as much more than prosaic construction. In our work, craft is defined as the articulateness of this poetic expression and as such has assumed a central role in our understanding of design and architecture.

At Studio Z, our investigation began with furniture, an arena in which the role of craft is more readily accessible. As a young academic with no commissions I initially turned to furniture design and construction and soon learned that not only would I be well served to abandon the hubris I had acquired in architecture school but that I should actually learn how to make things.

Four years and several journeyman courses later I discovered the first, and what I now consider the most fundamental lesson of making – that craft resides in the simultaneity of thinking and doing. Instead of building as merely the fabrication of an already completed design, making is inseparable from thinking. The traditional split – between conception and execution, between intention and actuality – dissolved in the making of these furniture pieces. With that came another lesson that would be of considerable importance in the future. When building is approached in this way materials and methods of construction reveal their own presence and integrity to become equal participants in the thing that is finally constituted.

However, no matter how fulfilling this furniture work was, a nagging question remained. What does this mean for architecture? The local mini mart and the suburban tract home are obviously not the result of a simultaneity of thinking and doing. Even an award winning contemporary architectural practice of working drawings, specifications, and site inspections, seemed worlds away from the integrated act of making that had become so familiar.

II

Edward Ford's statement that "detailing was born when craftsmanship died" refers to the increasing control that the profession of architecture has exerted over the craft of building and the individuals charged with its execution.[3] While it is important to resist making an easy causal relationship between these two events, responsibility that originally lay with the hands doing the work has come to reside, since the eighteenth century, in ever more explicit and comprehensive contract documents.

A Renaissance cathedral, for example, would have had only a nominal number of drawings and it is interesting to see how little these drawings resemble the actual finished building. The quality of the details is not the result of drawn instructions but resides in their actual execution and the creative latitude afforded to their creators. Drawings were sometimes submitted to the architect for approval, but it is doubtful that they had much impact on the detailed design of most components. Contrast this with a contemporary architect-designed single family residence for which a typical set of construction documents would consist of about 30 sheets, containing hundreds of minute and exact instructions that the contractor could only deviate from (in at least a visual sense) at his own legal peril.

To gain some perspective on this transformation of the role of craft in architecture, we need to explore the historical development of tectonics. The term derives from the Greek word *tekton* signifying carpenter or builder. In a Greek tragedy it signified the carpenter who assumes the role of the poet. By the fifth century, the meaning of the word had evolved from something physical and specific to a more generic notion of making, involving the idea of *poesis*. The role of the tekton leads eventually to the emergence of the master builder or *archi-tekton*.

By the nineteenth century, the term tectonic was used in reference to the art of joinings and the correct application of artisanal rules in service of an aesthetic judgment. Edward Ford identifies the emergence at this time of two major streams of thought in tectonics – monolithic and layered construction. Monolithic construction, as theorized by Viollet le Duc consisted of a simultaneity of surface and structure. It is the Greek temple in which the marble is both structure and finished surface with nothing concealed or covered up. More importantly, it is the way that we commonly perceive, and conceive, of buildings.

The second theory, credited to Gottfried Semper, is layered construction. Based on the idea of the primitive hut it is an architecture of structure (trees) covered by a lightweight enclosure (animal skins or textiles). It is an architecture of structure plus cladding with the essential element being the cladding itself. This is Roman architecture with its non-structural columns and marble veneers over brick buildings. More importantly, it is the way in which most contemporary buildings are constructed.

Ford argues that historical preference for the monolithic or the layered system transcended stylistic preferences and that the ambiguity of two tectonic systems did not become a problem until the 1920s and 1930s. Modernism could not accept two contradictory methods of solving the same problem and the modernist choice was for the "honesty" of the monolithic system. This preference has not diminished in subsequent years and is particularly prevalent during the conceptual development of a building. Ironically, the construction industry ignored the monolithic in favor of the economic facility of layered construction, particularly in wood frame and steel frame construction.

The result was an increasing schism between the conception of architecture and its realization. This schism continues to grow to this day. In our schools engineering is taught as abstract mathematics, technology as applied science, and both are marginalized from the more popular curriculums in design, history, and theory. The split is reinforced in our offices which tend toward a bilateral organization of design on one side and construction drafting on the other, with the path to promotion and partnership clearly seated in the former. All too often the role of design is architecture, the role of construction documentation is the limitation of its liability.

Balloon frame construction, and its later variation the platform frame, is one of the more acute sites of this problematic relationship between conception and actuality. It is a building system developed in the late nineteenth century to meet the needs of a rapidly expanding North American society and has evolved into a ubiquitous vernacular construction accounting for the vast majority of all residences and other small buildings. But with some notable exceptions, its expressive potential has largely been ignored by our discipline – which sees only its instrumental value as a cost effective building envelope and focuses its attention, if at all, on the symbolic potential of its outer layers.

However, examined more closely the system reveals a much more sophisticated and expressive dimension. Platform frame construction is a remarkably versatile and highly sophisticated system of building. It is based on a vocabulary of simple geometric elements – planes, lines and points. Its constitutive elements – studs, joists, nails, sheathing, drywall, siding, insulation, vapor barriers, and trim are all readily available, inexpensive, and easily manipulated by a single person with the most rudimentary of skills and very simple tools. Its theory of construction brings these elements together into a richly varied and articulate tapestry of a distributed structural frame wrapped in a series of thin layers each performing its own specific function.

In the bifurcated world of design and construction, however, the expressive potential of this system is lost when we conceive of buildings as being made of monolithic things – walls, floors, and ceilings. Consequently, in construction the system becomes reduced to a series of standardized techniques. Typical details address unique situations as either a means to an end,

Interior construction photo
showing bookcase detailing Chung/
Gray Residence, Calgary 1997.
Photo: John L. Brown

Computer model showing layered
composition of corner window detail
in wood frame construction, 1997.
Photo: John L. Brown

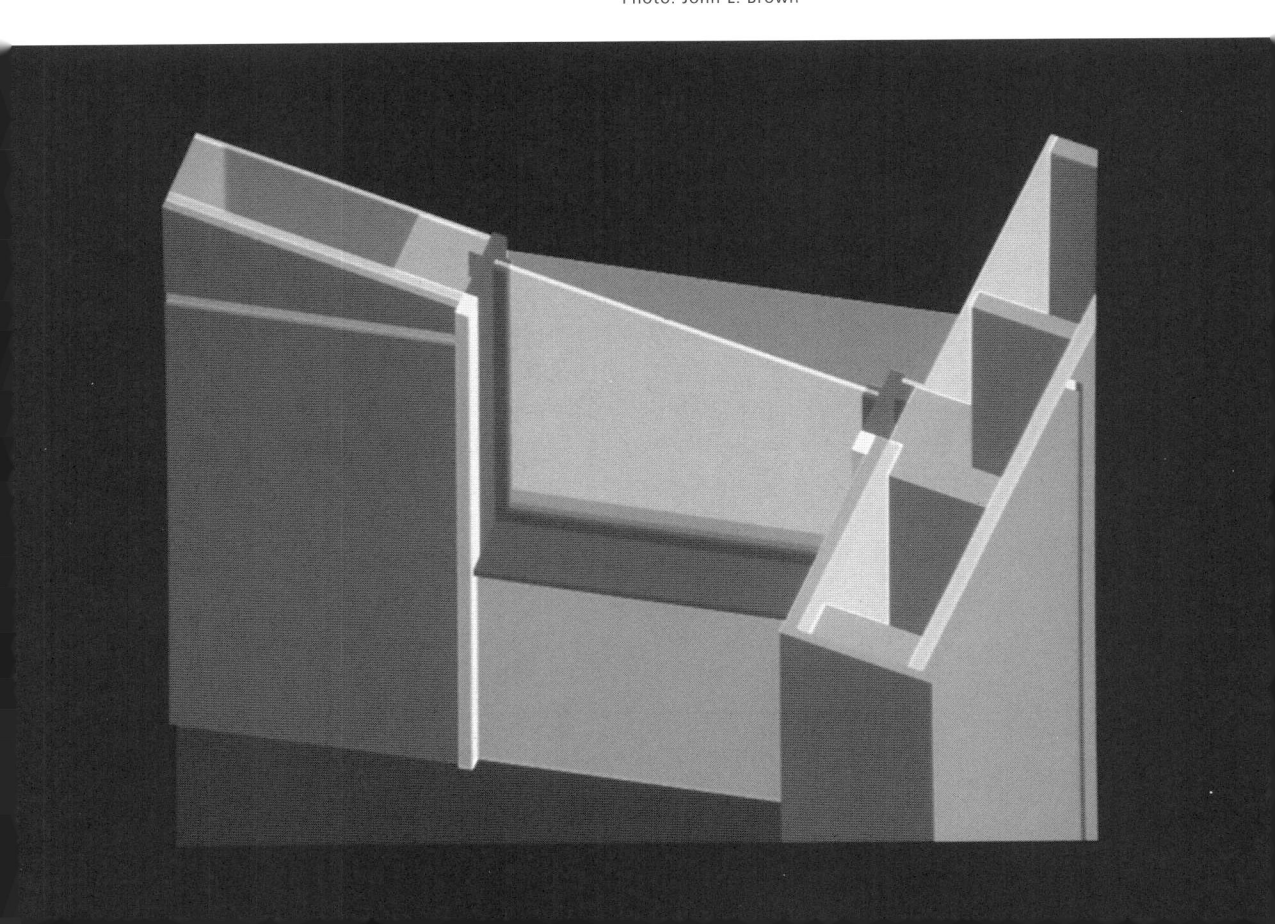

where architectural intention resides only as surface finish, or as an end in itself, where the objectives become the optimization of environmental controls through technology, the maximization of profit, and the limitation of liability.

III

Within the context of our own work at Studio Z, we began to bring the lessons of craft we had discovered in furniture to the world of wood frame building by simply conducting ourselves as we had in the past – building everything ourselves with minimal preconceived intentions and being attentive to the materials and methods of construction.

Our early construction projects were tentative attempts at manipulating the elements in this system for their expressive potential. The Sevick Studio for example, was an exploration into shifting the relationship and roles of the various layered elements. Sheathing is diagonal bracing but it is also exposed in the reveal over the door as an exterior finish. The structural framing ceases to be only a homogeneously concealed skeleton and emerges through the drywall to reinforce the spatial composition of the interior. A portion of the exterior wall is simultaneously a skin of cladding as well as an object with functional and structural consistency.

From a craft point of view, the results were favorably similar to the furniture projects. But on further reflection the direct transference of our earlier craft experiences was rather naive. Our method of realization was so specific, time intensive, and anachronistic as to be of only academic relevance to the discipline. As a way of learning about building in wood frame it was unparalleled but as a model for building a successful practice it was a failure. In the end, this success in failure served to only reinforce the precarious state of craft in contemporary building.

Upon reflection at Studio Z, we discovered that we had misunderstood our context. In our zeal to explore tectonics and the materiality of architecture, we had failed to understand that the medium of wood frame construction extends well beyond the actual physicality of its elements to include a well articulated and highly sophisticated system of trades, levels of finish, and sequences of construction.

When we built the projects ourselves, we approached everything like furniture with a uniform level of craft and attention to detail. But in contemporary construction there is a well understood range of acceptable finishes and tolerances. Allowable degrees of inaccuracy range from several inches to less than one-eighth of an inch depending on the element. Tolerances and levels of finish increase proportionately for each layer added to the structural frame and are dictated by a multiplicity of standard specifications, manufacturer's organizations, and building codes.

Furthermore, when Studio Z was doing all of the construction work the sequence of construction was irrelevant. It made no difference if a bit of finish trim was applied before the completion of framing or during the application of the drywall. But in the real world of residential construction there is a highly structured hierarchy of tasks that is an integral part of the medium of wood frame construction. Each layer is applied by its specific trade and economic reality dictates that each needs to complete their portion of the work as quickly as possible, with a minimum of interaction with other subcontractors.

We began to realize that our understanding of craft would have to extend beyond the physical arrangement of pieces to include the temporal sequence of their installation. This meant that the reality of the construction industry could not remain as merely a means to an end. In order to remain consistent with our original understanding of craft as an amalgamation of conception and execution its purely instrumental function would have to be transcended.

Our understanding of the medium of wood frame construction now includes the normative procedures for each trade from concrete cribbing to finish carpentry alongside the physical components previously discussed. Our pursuit of craft in this medium is now centered on the articulate transformation of these vernacular conditions (both physical and procedural) in service of, and in contribution to, the poetic intention of the building. In the Hoffman Residence for example, the two storey front window, conceived originally as a curtain wall, was conceptually transformed by its procedural reality as a series of normative windows trimmed into a rough opening, into a thin veil floating on the surface of the main stucco wall.

Kenneth Frampton argues that tectonics is not inventing construction anew but incorporating the practice of building into a poetic act through the transformation of current and historical construction traditions.[4] Therefore, in the late twentieth century, tectonics evolves into a form of mediation between technology as a productive procedure and the poetic anachronism of craft technique.

In our own work, the exploration of this tension between the crafted object and the procedural reality of construction has been the realization of an additional layer of complexity and expressive potential within the medium of wood frame. To date, we have spoken of wood frame building in a rather traditional way as being conceived and constructed out of a series of layers of fundamental elements. The reality of the contemporary situation, however, is that an increasing percentage of the building – windows, doors, kitchen cabinetry, and bookcases to name a few, arrive on the site as pre-manufactured components ready to be slotted in.

Thus, the medium can be understood not only as a composition of thin layers but as a uniquely constructed membrane penetrated by pre-manufactured products. In this context, trim takes on increased significance as the mediator between the specificity of the membrane and the ubiquity of the component. In the Chung Residence, for example, all of the windows are organized by a series of continuous horizontal battens that are simultaneously window trim and wall articulation. In the library, openings in the wall reveal a line of horizontal bookshelves articulated as a kind of skeletal infrastructure. Here the trim resides solely with the wall and the bookshelf is understood as a continuous component onto which the drywall layer is draped.

I would like to conclude this discussion with a corollary to Edward Ford's comment that "detailing was born when craftsmanship died." I would propose that when standardized detailing dies architectural craft is born. Traditional craft integrates thinking and doing through the mind and body of the individual craftsperson. Architectural craft does not require that the designer actually build but that the reality of a building's execution be integrated with its conceptual development. Building then ceases to be the application of a recipe book of construction standards, typical conditions, and catalogued components and becomes one with design. Wood frame construction as a vernacular form of contemporary construction offers a vibrant and rich context in which to explore these opportunities.

Notes

1   John Brown is Associate Professor of Architecture, University of Calgary and the principal of Studio Z, which has a web page that combines information about its built projects with Brown's academic writings see www.studioZdesign.com

2   John L. Brown, "Seeing Through Making: The First Architectural Studio At The University of Calgary", *Architectural Models: Instruments and Artifacts*, Faculty of Environmental Design, University of Calgary, October 1991. See also John L. Brown, "Observations On A Body Of Work", *Body Technology and Design, Proceedings of the 11th Annual ACSA Technology Conference*, ed. Michael Underhill and Max Underwood (Washington D.C., ACSA Press, 1993).

3   Edward R. Ford, *The Details of Modern Architecture*, (Cambridge: MIT Press, 1990).

4   Kenneth Frampton *Studies in Tectonic Culture: The Poetics of Construction in 19th and 20th Century Architecture*. (Cambridge: M.I.T. Press, 1995).

Lutz Haufschild

Inspired Light, Space Inspired Thoughts About Light in Architecture

**Luminosité inspirée, espace inspirant
Réflexions sur la lumière dans l'architecture**

En qualité de verrier travaillant avec des architectes, ma tâche consiste à ajouter un éclairage distinct aux édifices. En plus de remplir et de rehausser un espace, l'éclairage dont je parle étreint le spectateur. La lumière joue un rôle essentiel dans toutes les formes d'art; en architecture, la lumière filtrée par une verrière artistique symbolise le dialogue entre l'important et l'éphémère, le physique et le métaphysique, le profane et le sacré. Ces propriétés inspirantes de la lumière diffusée par le verre d'art, ou mieux encore l'art du verre, façonnent directement nos espaces et notre identité.

On en voudra pour exemple le musée de la chaussure Bata de Toronto. L'architecte Raymond Moriyama avait demandé que la verrière de l'aire centrale du nouveau musée serve de « paupières » à l'édifice; j'ai voulu qu'elle révèle également son âme. Ces intentions peuvent paraître ésotériques, mais elles définissent clairement la fonction du verre d'art dans le bâtiment, l'importance de sa perception et l'influence de cette perception sur l'expérience vécue dans l'édifice.

Lorsque j'ai commencé à travailler au temple de la communauté ismaélienne du grand Vancouver, je devais tenir compte des deux demandes essentielles de notre client, Son Altesse l'Aga Khan. Ce dernier désirait contribuer à l'avènement d'une nouvelle architecture islamique adaptée à notre temps, en plus de bâtir un lieu exquis de spiritualité et de contemplation. Nous nous sommes interrogés sur l'ambiance lumineuse que nous désirions créer dans la salle de prière et sur la forme des fenêtres. Il fallait choisir un type de verre et une transparence qui conviendraient au fenêtrage d'un grand espace de plus de sept mètres carrés. Les grandes fenêtres sont rares dans les mosquées, habituellement érigées au milieu d'une foule de bâtiments et sous des climats où il faut tamiser une lumière solaire intense. Traditionnellement, les ouvertures des édifices islamiques se resserrent vers le haut pour faire de l'ombre. À Vancouver, nous avons renversé la « ziggourat » pour profiter de la lumière nordique plus douce.

La lumière perçant à travers les fenêtres peut-elle vraiment remplir et rehausser un espace malgré l'absence d'image ou de couleur? La lumière diffusée par l'art du verre peut-elle contribuer à une expérience contemplative, sinon spirituelle? La réponse est oui. Il est possible, et peut-être même inévitable, que l'ambiance créée par la lumière que laisse filtrer le verre traité par un artiste exerce une influence significative. Elle élève l'accident de la lumière à un plus haut niveau de signification.

The glass artist is but one partner in the dialogue of creating art for a building, the others being the building, the architect and the client. As a glass artist, I collaborate with architects to add light with distinct characteristics to a building. The light I am referring to not only enhances and completes a space, but also embraces the viewer.

I would like to emphasize how we in this day and age deal with light in architecture and therefore will not focus on traditional stained glass and how it related to the architecture and societal needs of its time. Most of us are aware of the mysticism and story telling qualities of the early stained glass, when it was in fact the religious picture book of the illiterate of the day.

As architecture changed, so did its light requirements. In all art forms light is the essential element but in architecture light seen through art glass windows suggests a dialogue between the material and the ephemeral, the physical and the metaphysical, the profane and the sacred. These inspirational properties of light released through art glass, or perhaps better said, through the art of glass, directly shape our spaces and us.

A case in point is the Bata Shoe Museum in Toronto. Architect Raymond Moriyama requested that the art glass in the central area of the new museum serve as the "eyelids" of the building. I hoped to also reveal its "soul." These intentions may sound esoteric, yet they clearly define the function of the art glass in the building, the importance of how it is perceived, and how this in turn influences the way in which the building itself is experienced. On the one hand, the art glass has to "manage" light entering the building, and on the other hand it must imbue it with meaning, magic and magnificence.

These self imposed objectives were difficult to accomplish, simply because of the size of the window wall (45' h x 35' w), and the fact that it faces due south – the impact of the art glass on the building and the viewer clearly would be enormous.[1]

To complicate matters further, the displays of the museum, because of their small size and fine details, require intimate settings. They must also be carefully lit to bring out the character of the subject matter, but at low light levels so as not to cause undue harm. As a counterpoint, the vast and light filled central circulation space with its expanse and airiness creates a rhythm of viewing: alternating between the intimacy of the viewing areas and the grand circulation space.

To achieve a sense of exuberance at the center of the museum, the art glass wall became more and more transparent during the design process. Light is invited inside to act like the proverbial breath of fresh air. This results in an atypical stained glass window. It uses no lead-came and it is not colourful, at least not colourful in the usual sense of the word. Thousands of bevels and pieces of laminated transparent glasses create a very subtle array of rainbow colours, refracted inside the art glass wall and reflected on the walls and floors, constantly changing depending on the seasons and time of day. By layering diverse transparent glasses, and by capturing the light in between the layers, an intriguing view of the outside world was created. Refashioned, and thus more engaging to the viewer on the inside, the art glass acknowledges the museum's place in the urban context, without introducing some of the more distracting elements.

There is an almost overwhelming simplicity to the design. This is to empower the ultimate creative source, namely light, to transform the material, to de-materialize glass into spectral colours as elusive as those of the rainbow. The result is not an opaque window, nor is it a transparent wall, but rather a magically suspended veil of light – thus the name Spectra Veil.

In 1957 architect Rudolf Schwartz was interested in creating a church of light. He wrote: "the building is at the same time light source – the light is placed around the altar in the form of eight large light walls consisting of glass blocks... The first and only theme is light... the goal shall be to bring the space with the help of the walls of light more into its own."[2]

Years later, technical problems made it necessary to replace the glass block walls. Recently, when again repairs were necessary, the church committee decided to look for a new type of glazing that would respect the architectural intent, but fix the problem permanently. They gave the commission to artist Jochem Poensgen.

The church committee gave the following directions: "glass blocks have an extremely high luminosity. They catch an especially high amount of light, but on the other hand they are not totally transparent, and thus the outside shows only in vague silhouetted outlines and shapes. Nature, buildings, times of day and seasons have an influence on the lighting, and are visible without interfering or detracting. These important thoughts should be considered during the restoration of the windows… strongly structured window panes or stained glass, in other churches a meaningful enrichment, we consider inappropriate in our building. Here one should retain the design and intent of the total building, as the architect has conceived it, and maintain it for future generations."

The artist tried to fulfil the architect's ideal of the perfect relationship between light and architecture, and it was the architect's concept "the first and only theme is light" that ultimately shaped the entire glazing. A three layered system of diverse glasses and textures achieves a new aesthetic language as the outside, middle and inside layers correlate to create a new visual plane. The effect is calming and intriguing at the same time. In spite of the desired order and quietness of the design, a rather vibrant liveliness is achieved. The window walls came to be seen not as a weather proofing membrane, nor as art, but rather as something less tangible and more elusive than that – as light itself.

My observations about light were influenced by Schwartz's work, but also by Altenberg Cathedral in Germany, one of the few interiors intact with inspiring medieval grisaille windows. Upon entering, all one sees or feels is an ambient gray. The longer one absorbs the space, and responds to its quality of light, the more one becomes aware of the many subtleties in the windows and the way they help shape the space. One cannot help but be impressed by their simplicity, lucidity, clarity, purity and stateliness. It takes many words to describe what is, ironically, splendour in a most sublime form.

The grisaille technique of shaping light, and which so significantly influenced spaces over the centuries, was developed because Bernhard de Clairvaux, founder of the Cistercian monastic order, made it obligatory that the "the windows shall be simple and white, and without crosses and pictures."[3]

Spectra Veil, night view.

Spectra Veil stained glass window by Lutz Haufschild for Bata Shoe Museum in Toronto.

The Cistercians saw themselves as a reform movement and wanted to return to the beginnings of the European monastic order and the teachings of St. Benedict. The ideals of simplicity and poverty were to be revitalized in the newly formed monasteries. In his writings, but particularly in the famous "Apologia Guillelmum" (around 1127) Bernhard de Clairvaux attacked the overwhelming splendour of the churches of the day. Two dictates in particular were important: all figurative depiction – with the exception of the image of Christ on the altar crosses – was forbidden, and the total interior of the church, which included the windows, were to be colourless.

When I began working on the prayer-house to be built for the Ismaili community in Greater Vancouver in 1985, two key requests by our client, His Highness, the Aga Khan were always before us. The Aga Khan, with his first mosque in North America, wanted to work towards creating a new Islamic architecture meaningful to our time, and secondly, he wanted the prayer-hall to be of an exquisitely spiritual and contemplative nature.

For the architect Bruno Freschi this meant to immerse himself in Islamic architecture and travel to experience the most important mosques in Egypt and Turkey. After endless design revisions the building became the architectural synthesis of Islamic design principles and the modern idiom of the contemporary setting in Vancouver. It is a relentless pursuit of geometry, enclosure, symmetry, mass and the layering of symbolic decoration.

I had seen Fathtepur Sikri and the Taj Mahal in India, mosques in Iran and the Alhambra in Spain. I had noted how light had filtered through marble and wooden screens, and how the light had de-materialized these openings and the space inside, and turned them into something more relevant than the light itself had been before it was transformed.

We struggled with what kind of light ambience we should create inside the prayer-hall, and what shape the windows should take. What type of glass, and of which transparency, would be appropriate for windows in a grand space of 80 feet square. Large windows are something of a rarity in conventional mosque design as mosques have customarily been erected in urban centers crowded by other buildings, and in climates where it was necessary to filter strong sunlight. The usual Islamic pattern for openings had a narrow top as another sun-shading device. Here, to take advantage of the gentler northern light, we turned the ziggurat upside down.

The shape of the window also fit well into the structural demands of the walls, which are four feet thick and hollow to contain services such as heating and air conditioning etc. The walls, as seen from the inside, appear three-dimensional, with a free standing screen being the first level for the eye to recognize, the wall being the second, and the marble relief the third. The glass itself becomes the fourth and fifth layers for a soft landing of the eyes.

Leaded stained glass, because of its predominant use in Christian churches, seemed inappropriate here. Originally, we had thought of using blue glass to refer to eternity, but found that it gave the interior a not very appealing hue. The glass could not be clear as we all agreed that full visibility was undesirable. The solution was an especially fabricated glass of white translucency. The one inch thick cast glass changes constantly as the light does: it has a most reluctantly but beautiful bluish hue at night; it is sombre when it is overcast, but inspirational in sunlight when it turns a golden amber. In any light condition, it fills the space with a most contemplative atmosphere, which fosters in the viewer experiences of respect and gratitude.

Can light pouring through windows, although devoid of images and colours, really enhance and complete a space? Can light, released through the art of glass, actually contribute to a contemplative, if not spiritual experience?

The answer is yes. The archbishop of York Minster, while recognizing that the appreciation of the great medieval windows at York would be significantly enhanced by using binoculars, notes that "but even to sit in the Minster and just let the light pour through these windows upon you, is to undergo a spiritual education as well as an aesthetic one."[4]

Clearly it is possible, perhaps even unavoidable, that the ambience created by light filtering though artistically treated glass, contributes something very significant to architecture. Truly illuminating light, not only enhances and completes space within a built environment but also embraces the viewer. It elevates the accident of light to higher meaning.

Notes

1 It is important to appreciate that if the discussion about light in architecture were to be most effective, it would need to be held in situ. The specific circumstances of light and space can rarely be transmitted in any media.

2 The author regrets that the source for this information is not available at the time of printing. The church is located in Dortmund, Germany.

3 The original reads, "vitreae albae fiant, et sine crucibus et picturis." in "Analecta Sacri", *Ordinis Cisterciensis* VI. page 37.

4 Lord Blanche of Bishopthorpe, Archbishop of York, in the preface of *The Stained and Painted Glass of York Minster* (York: York Minster Centre 1994).

Nicolas Reeves

Conception algorithmique : Processus artisanaux de genèse formelle en contexte technologique

Algorithmic Design: Formal creation process in a technological context

Several characteristics of computer-assisted design lead us to re-examine the issue of a craft production that would be closely linked with contemporary technologies. This issue stems from the embryonic development of object production techniques that may be grouped under the name of "algorithmic design." These techniques force us to reconsider the status and the evolution of craft work in a society driven by technological performance.

At the very moment when crafts and high technology seem to be on the verge of meeting, their common ground is filled with paradoxes. To the magic with which the craft object transforms inert matter into living things, high technology opposes witchcraft that deprives things from their intelligibility.

At the most basic level, the major criteria which define the nature of craft work seem altogether out of the reach of technological equipment. Thus, craft artists produce objects that are alike but different, and therefore unique; they put a personal know-how into each object; they make their own tools for specific tasks. Other criteria, less tangible but more essential, must be added to those which are directly related to production: an attention criterion, by which the object is turned into something precious because of the care it was given by the artist; a material contact criterion which implies that the craftsman is the designer and the creator of the object; and a criterion of non-separation of the project from the making, under which the object may be modified during the building process.

Algorithmic design techniques satisfy all these criteria, except the direct contact with matter during the making stage. The image of a machine assisting in the patient production of objects which are all different and all imprinted with the creator's stamp does not match the commonly held idea of a computer as an efficient means of quickly performing repetitive and anonymous tasks. But repetitiveness is more a consequence of industrialization than of automation itself and it only represents a minute portion of the computer's potential applications; whereas the computer facilitates repetition, it makes possible continuous and infinite variations of the produced forms.

An examination of the algorithmic design process shows that what mainly distinguishes it from the traditional craftsman's task is the change in the workplace of the designer, who does not act directly on the shape and materials, but rather on the processes which inform and structure matter. These processes are entered into the computer that will produce first a virtual form and then, through fast prototyping, a solid object. The designer's decisions are entered not by a direct action on the object, but rather by an increasingly finer adjustment of the rules which determine the final morphology. If the latter is not satisfactory, the designer goes back to the initial rules, performs new adjustments and then re-enters the process into the computer.

Whether this work on the phenotype of a form belongs to the field of craft or rather constitutes a new creation mode is an open-ended issue. What is certain however, is that forms thus created are likely to adopt configurations inaccessible to all traditional work; as such, we could imagine the emergence of an algorithmic production of objects that could represent a major extension of the traditional craft field.

À l'instant même où elle intervient, la rencontre de la haute technologie et des métiers d'arts foisonne de paradoxes. Les notions de métiers d'arts, d'artisanat, et les valeurs qui leurs sont associées, ont été fortement malmenées durant quelques décennies de performance, d'excellence, d'industrialisation, d'automation, de standardisation. On aurait pu croire que la course au virtuel assénerait le coup final à des domaines entièrement construits sur la conversation avec la matière, le rapport au corps, le passage du temps. Mais c'est l'inverse qui se produit, en grande partie grâce à l'apparition de deux phénomènes concomitants :

- l'émergence de systèmes de valeurs axés sur la corporalité et le rapport sensoriel au monde, qui réagissent à la dématérialisation inhérente aux mondes virtuels;
- un aspect totalement inattendu du développement de l'ordinateur, parangon de la haute technologie, qui, conçu à l'origine pour être l'esclave servile de l'homme, nous ouvre les portes de domaines d'exploration auparavant inaccessibles, et nous offre simultanément les moyens d'explorer ces domaines : il peut se produire au sein d'un ordinateur des phénomènes qui nous échappent, et que nous sommes incapables de mesurer.

Je voudrais présenter ici quelques-uns des questionnements soulevés par ces deux phénomènes. Loin de clarifier la distinction technologie/métiers d'arts, ils laissent entrevoir l'apparition de démarches de création difficilement classifiables, appelées, faute d'une terminologie appropriée, « production algorithmique d'objets ». Cette appellation très vaste recouvre l'ensemble des démarches de production dans lesquelles le travail du concepteur se fait non pas au niveau de la morphologie de l'objet, mais au niveau des processus qui contrôlent cette morphologie.

1 – L'algorithme et les métiers d'arts

C'est d'ailleurs ainsi que se définit une conception algorithmique : un mode de conception dans lequel le travail ne s'effectue pas sur la forme finale, mais sur un ensemble d'informations qui définiront cette forme. La conception algorithmique a des antécédents dans plusieurs domaines. Sous le nom de « modélisation déclarative », elle permet aux ingénieurs de produire une pièce définie non par ses caractéristiques formelles, mais par ses spécifications au niveau de la performance. Sous le nom de « composition par processus » elle permet aux musiciens de produire des séquences sonores à partir de régularités pré-définies. En arts visuels, l'art algorithmique permet la production d'oeuvres à partir d'équations ou de séquences d'instructions. Les controverses sont allées bon train pour savoir si cette production relevait ou non du domaine artistique; elles se sont stabilisées au sein des arts médiatiques ou des médias intégrés, domaines aujourd'hui socialement et officiellement constitués.

La question des métiers d'arts est nettement plus floue, pour des raisons diverses. Au niveau strictement technique, je postulerai qu'en premier lieu, elle ne s'est pas posée immédiatement, du fait que la production des métiers d'arts est la plupart du temps tridimensionnelle, et que les coûts reliés à la production technologique d'objets tridimensionnels uniques est longtemps restée hors de portée des artisans. Elle se pose maintenant du fait de la disponibilité progressive de ce type de production à une audience de plus en plus large, par la diffusion d'appareils dits « de prototypage rapide », qui permettent la production d'objets tangibles directement issus du modèle numérique.

Dans un deuxième temps, la production algorithmique renonce au contact avec la matière, et ce dans un sens très large. Le musicien ne compose plus directement sur sa partition, qui est largement déterminée par le processus de base; la majorité des artistes algorithmistes produisent des objets dont l'existence et l'essence sont virtuels (une impression sur papier est une instanciation du modèle) et l'artiste ne manipule plus les couleurs, les pinceaux, le papier, l'aérographe. Il en va de même pour le concepteur algorithmique qui dispose d'un équipement de prototypage rapide. Cette distanciation semble un obstacle infranchissable à quiconque tente de postuler une algorithmisation des métiers d'art ou de l'artisanat.

2 – Sorcellerie majeure

Les appareils de prototypage rapide ne sont pas des machines simples. Ce sont des assemblages complexes de technologies qui comptent parmi les plus sophistiquées du moment. Ils sont représentatifs des tendances contemporaines des sciences exactes, celles qui s'incorporent au sein de systèmes dont l'objectif explicite est une production matérielle.

Ces apogées technologiques semblent à des lieues de toute préoccupation philosophique ou épistémologique. On reconstitue aisément la séquence problème-objectif-stratégie qui les propose comme solutions. L'existence préalable de toutes les technologies qu'elles rassemblent prévient toute tentative convaincante pour les rattacher à un ordre poétique ou symbolique. La technologie y est envisagée comme la mise en oeuvre d'un réel déjà décrypté selon les lois d'un modèle scientifique du monde. Aux yeux de l'individu rompu aux sciences et aux techniques, l'appareil de prototypage rapide est un assemblage de connu.

En dépit de cette absence de mystère, de tels appareils appartiennent, pour le profane, à la catégorie des objets qui échappent à la compréhension. La genèse d'un objet tangible à partir d'un liquide transparent, d'une cire ou d'une poussière, a des connotations mythiques. Il en va de même de la plupart des objets technologiques, qui proposent une sorcellerie majeure : ces objets ne souhaitent pas être déchiffrés; leurs auteurs ne proposent pas de clefs de déchiffrage; et dans la plupart des cas, l'utilisateur ne souhaite même pas tenter un déchiffrage.[1] Il y a dans la haute technologie une volonté d'atteindre à l'incompréhensible par la juxtaposition, complexifiée à outrance, de mécanismes compréhensibles; de tenter le sublime par empilage, le pli et le repli du terrestre et de l'ordinaire, dans l'espoir de faire surgir du connu quelque chose qui ne relève plus du domaine de l'homme.

Bien des concepteurs d'objets technologiques sont implicitement conscients de ce drame, de l'impossibilité qui leur est faite d'atteindre à la transcendance. D'où, peut-être, cet empressement suspect à connecter aux grands mythes historiques et à la magie une entreprise qui reste en fait nettement plus proche de la prestidigitation.[2] Ce qui est pathétique, c'est que le prestidigitateur est conscient et fier de son habileté comme prestidigitateur, alors que la technologie cherche à dissimuler le fait que rien de ce qu'elle propose n'est ni ne sera jamais magique : elle se veut connectée à un modèle du savoir qui postule l'existence et la vérité d'un réel connaissable. C'est par la conscience de son arrimage au réel et par la volonté de le dissimuler qu'elle se propose comme une sorcellerie. Rien dans ces objets ne propose une explication de leurs mécanismes internes; ils ne sont pas essentiellement destinés au mieux-être de celui qui en fait usage. Une grande partie de leur raison d'être tient dans la démonstration d'un harnachement des forces naturelles, et ils profitent principalement à leurs inventeurs.[3]

3 – Petite magie

En opposition à cette sorcellerie majeure, les métiers d'arts proposent, au moyen de matériaux et de techniques simples, des objets imprégnés d'une petite magie. Une magie cette fois incompréhensible, et qui résiste à toute analyse. Originalement, l'objet artisanal utilise des matières simples du monde. Le livre artisanal relié en peau d'anguille et plaqué de feuilles de cuivre, la petite boîte en pelure d'orange, emploient des matériaux qui défient l'analyse scientifique, et sont par là complexes. Mais ces matériaux sont des données élémentaires du monde, des fragments de son histoire. Ils existent à côté de nous, préalablement à nous et indépendamment de nous. Nous ne savons pas comment les fabriquer : leur assemblage est hors de notre portée. Mais pour le profane, le phénoménologue, l'artisan, ils appartiennent à la matière première du monde, au même titre que le métal ou le bois.

L'emploi de ces matériaux invoque les images premières, nous déclare qu'à côté de nous existe un autre monde, fait de matières que nous n'avons pas créées et que l'être humain ne sait pas créer. Il reflète et garantit l'existence d'un univers et d'une nature qui ne sont pas d'origines humaines, qui ne sont pas hostiles à notre présence, et qui nous hébergent. Hors des sciences exactes, d'innombrables tentatives poétiques, religieuses, philosophiques, phénoménologiques, sémiologiques, ont été faites en vue de décrire, de définir, d'exprimer ou de communiquer cette relation indicible. Bachelard exprime bien comment la vue d'un chêne solitaire transforme profondément ce que nous ressentons à la vue d'un petit coffret en chêne. Celui ou celle qui porte des bottes en peau de lézard, s'habille de cuir d'agneau ou de fibre de lin, écrit avec un stylo d'ébène, range ses vêtements dans une armoire en hêtre massif, ne vit pas, pourvu que ces objets aient été fabriqués de main d'homme, dans le même monde que celui qui s'entoure de plastique et met ses objets précieux dans un coffret fabriqué en série. Le prix des métaux précieux est dû à leur rareté; mais fabriquer une peau d'anguille est hors de portée des fortunes les plus colossales : *sa préciosité est d'une autre nature.*

L'artisan originel entre en dialogue avec les matières premières. Il tente, à partir de substances pour nous inaccessibles, d'établir une connivence et un commerce avec des mondes insondables. Intermédiaire entre notre cadre de vie et une nature de siècle en siècle plus lointaine, il devient le messager, celui qui sait encore parler aux substances naturelles, travailler avec elles, nous les concilier. Il sait interrompre les processus terribles de la décomposition et de la pourriture, maîtriser l'obsolescence, faire du vivant une matière qui, bien qu'elle soit inerte, n'est pas morte et dont il faut prendre soin.

4 – Du naturel au synthétique : un premier changement d'interlocuteur

Cette vision originelle a été transformée par l'introduction des matériaux synthétiques dans le champ des matières disponibles à l'artisan. À la différence des matières naturelles, ces dernières sont, sur le plan scientifique tout au moins, compréhensibles à l'homme. Épurées et aseptisées, elles ont été conçues dans le but de répondre à un ensemble de critères de performance, qui suffit, du point de vue de leur inventeur, à les définir. On attend d'elles un comportement conforme aux prévisions, homogène dans le temps, et dont les spécifications en fonction des sollicitations sont clairement établies : taux de dilatation, élasticité, résilience, isotropie des déformations… De magnifiques outils mathématiques, appelés « tenseurs », ont été élaborés pour réduire une matière à ses réactions en fonction des contraintes. Un exemple de ces matières est fourni par le panneau de particules à haute densité, qui serait plus exactement appelé panneau de poussières de bois. Cette substance est extrêmement homogène, son comportement contrôlé, ses réactions identiques dans toutes les directions. Elle ne réclame pas d'entretien, c'est une matière aseptisée, dans laquelle la vie n'existe même plus comme métaphore. D'autres matières sont encore plus éloignées des substances naturelles : l'acrylique, l'époxyde, les résines de synthèse, les mousses plastiques, les mousses céramiques, les gels de silicone…

Ces matières sont pourtant utilisées par les artisans des métiers d'art. Comme dans le cas des matières naturelles, ce qui distingue leur emploi artisanal de leur emploi technologique est cette conversation avec la matière. L'artisan n'utilise pas nécessairement le matériau dans le cadre de ses spécifications initiales. Il ne tente pas de les pousser aux limites, ne les sollicite pas dans une potentialité univoque. Il lui est possible de les explorer, d'en tirer des impressions, une poétique spécifique (notion étrangère à l'inventeur du matériau), et de façon essentielle, d'établir, par une analogie avec un artisanat originel, une relation avec un monde qui ne serait pas totalement connu.

Cette tentative est-elle un simulacre ? Il serait tentant de la considérer ainsi ; mais son interprétation analogique n'est pas sans fondement. Bien sûr, on peut voir dans un premier temps l'introduction de ces matériaux comme un rétrécissement de l'imaginaire et des possibilités de l'artisan. On peut avancer l'idée que la limitation aux matériaux d'origine humaine témoigne d'une angoisse face aux mondes originels ; que leur non-obsolescence, leur permanence, conjure un court instant l'idée de la dégradation et de la déliquescence inhérentes à tout ce qui vit, y compris notre être physique. Le travail sur le matériau de synthèse apparaît alors comme une fermeture de l'humain sur lui-même, un rebouclage stérile et dérisoire face à des angoisses qui, en arrière-plan, restent toujours actives.

D'un autre côté, déclarer que ce travail ne comporte aucun inconnu constitue une vue nivelée de la connaissance, une vue qui suppose que l'humain ne comporte aucun inconnu pour les autres humains. Le domaine technologique en général, et le domaine des matériaux en particulier, est l'un de ceux qui voient comme un dogme le fait de ne pas expliciter leur production. Les aspects inquiétants de la haute technologie sont précisément la source d'un besoin d'apprivoisement. Analogie ou simulacre ? L'artisan qui explore ces matériaux tente aussi d'établir une connivence avec un domaine obscur pour lui comme pour le commun des mortels. Séduire, émouvoir, faire rire, proposer aux sens de nouveaux contacts, de nouveaux reflets, de nouvelles textures, sont des façons d'exorciser cet autre monde dont provient la matière synthétique, un monde peuplé d'êtres obsédés de performance, d'objectifs, de vitesse, d'optimisation et de fuite en avant ; un monde qui, sans être naturel, reste étranger à la majeure partie de l'humanité.

Le réinvestissement des productions du monde technologique par la patience, la corporalité, les sens, l'émotion et la contemplation, est une entreprise sans doute nécessaire; on voudrait seulement espérer qu'il ne s'agisse pas là d'une manifestation de résignation face au recul et à la disponibilité décroissante des ressources naturelles. Mais ce qu'il faut retenir, c'est le premier déplacement du dialogue de l'artisan, qui passe d'une conversation avec le monde naturel à une conversation avec un monde d'origine humaine; et qu'à cette limitation du dialogue correspond une extension de la fonction essentielle du travail artisanal, à qui échoit maintenant la lourde responsabilité d'exorciser, pour la foule innombrable des profanes, les angoisses produites par un monde sans affects.

5 – De l'aspect à la forme : la genèse d'objets absurdes

Qu'en est-il maintenant de l'arrivée des techniques avancées de production d'objets? Dans un processus où le contact avec la matière n'est jamais requis, où les intentions se transforment en images aspectuelles (eidos) puis en formes tangibles (morphos) sans que l'artisan n'intervienne directement, que reste-t-il d'un possible dialogue? Si le travail de l'artisan se caractérise par le temps et l'attention individuelle portée à chaque objet, où se situe le lieu de ce travail dans une production algorithmique? À quelle étape du travail l'artisan peut-il individualiser sa production? Et si l'essence de ce travail consiste en une conversation, où se déroule cette conversation, et quel en est l'interlocuteur?

Il faut noter tout d'abord que les techniques de prototypage rapide ne renouent aucunement le contact entre l'artisan et la matière originelle, au contraire. Les matériaux utilisés sont extraordinairement sophistiqués, soit par leur nature, soit par leur traitement. Ils se situent en tête des percées technologiques, et évoluent constamment. Une conception algorithmique renonce d'emblée au contact des sens et de la matière, ce qui semble un obstacle radical à l'introduction d'un tel travail dans un champ artisanal, et éliminer toute possibilité de reconnexion.

Mais encore une fois, la réponse n'est pas simple, et il reste à voir où se situe le travail algorithmique par rapport au travail traditionnel de l'artisan des métiers d'arts. La validité de cette problématique se fonde sur deux phénomènes induits par la conception algorithmique :

- le déplacement du lieu du travail de conception, qui se situe maintenant au niveau des processus qui informent la matière, et non pas de la mise en forme de la matière;

- un nouveau changement d'interlocuteur pour l'artisan, qui, après être passé d'une conversation avec la nature à une conversation avec le monde des hommes, tente une conversation avec les sens et la fonction des objets engendrés.

Ce dialogue intervient du fait de la possibilité, pour la conception algorithmique, de produire des objets qui existent d'abord sous une forme aspectuelle (eidos), qui ne correspondent à rien de connu. Les méthodes algorithmiques sont extrêmement efficaces pour optimiser des pièces d'ingénierie, pour calculer des trajectoires efficaces, pour toute tâche d'optimisation à variables multiples. Mais elles peuvent également, et très facilement, être détournées vers la genèse de formes eidétiques sans correspondance avec le réel.

De telles formes peuvent être produites par divers procédés qui se divisent en deux grandes classes :

- *l'hybridation numérique*, qui croise au sein des mémoires de l'ordinateur les modèles numériques d'objets familiers ;
- *les processus itératifs*, qui produisent des formes eidétiques en faisant évoluer soit des ensembles de formes élémentaires, dont l'algorithme contrôle l'assemblage, soit des procédures géométriques simples, dont l'algorithme contrôle les paramètres.

6 – Un premier passage : le déplacement du lieu propre du travail

Un premier passage vers un artisanat algorithmique s'entrouvre si l'on considère que pour chaque objet, il existe un lieu et un temps où le créateur peut consacrer toute son attention et tout son talent à un objet individuel, qui pourra ainsi revendiquer la préciosité et l'unicité spécifiques aux objets artisanaux.

Ce lieu est celui de l'ajustement de l'algorithme par le concepteur : c'est là que se décidera la forme de l'objet. Durant ce processus, le concepteur ajustera ses paramètres, modifiera ses lignes de code, et introduira le programme terminé dans l'ordinateur. Ce qui se déroule ensuite peut être considéré à toutes fins pratiques comme masqué au concepteur, dont l'ordinateur devient une boîte noire : la plupart des processus évolutifs sont si complexes qu'ils échappent à tout déterminisme, et l'objet correspondant à un algorithme évolutif donné devient impossible à prédire. Tout au plus, après un certain temps d'apprentissage et de pratique, le concepteur pourra-t-il remarquer, de façon empirique, que la modification de telle ou telle partie du programme induit des transformations de l'objet résultant ; mais le contrôle et la prévision fine de ces transformations sont au-dessus des capacités d'un cerveau humain : les étapes de transformation se chiffrent en millions, sinon en milliards.

Cet empirisme qui intervient dans une machine considérée comme l'archétype de la logique est l'un des phénomènes les plus importants qui soit survenu dans le domaine technologique. On peut comparer la machine à un orgue de barbarie dont l'utilisateur ne connaît pas les rouages internes, et qui est scellé de toute part. La seule façon de savoir ce qu'il produit consiste à fabriquer d'abord des rouleaux perforés au hasard, puis, en fonction des résultats, à ajuster progressivement les perforations pour produire une musique écoutable. Une fois explorées les possibilités de l'orgue, l'intérieur de ce dernier peut être totalement reconfiguré, et le processus recommence.

Dans le cadre d'une production algorithmique, ce travail a quelque chose de génétique : l'ensemble des paramètres que l'on introduit constitue une sorte de signature, une liste de nombres ou de données qui produira un individu eidétique; et cet individu ne naît pas uniquement de ce gène numérique, mais de l'expression de ce gène dans le contexte proposé par l'ordinateur. Au lieu de travailler à l'aide de pinceaux, de gouges, d'aiguilles ou de métiers à tisser, le créateur algorithmique modifie patiemment les chromosomes numériques de ses gènes, un par un s'il le faut; si l'individu qui en résulte n'est pas satisfaisant, il le renvoie au néant numérique dans le cas d'un modèle virtuel, où à la récupération dans le cas d'un modèle tangible, et le travail sur le gène reprend.

Ce qu'il faut retenir, c'est que le travail ne s'effectue jamais sur l'objet terminé. Le concepteur analogique prépare les conditions de l'évolution et de la production de ses objets, mais n'intervient jamais sur l'évolution proprement dite. Comme un boulanger qui prépare les conditions pour la fermentation du levain avant de laisser agir les levures, il ne peut rectifier un résultat raté : il faut recommencer le processus à zéro, au niveau des conditions et des éléments de départ.

7 – Un second passage : un nouveau changement d'interlocuteur

Un second passage porte sur l'essence même du travail artisanal, donc sur le dialogue de l'artisan. Le dialogue direct avec un algorithme est impossible : l'algorithme ne répond pas aux questions; l'objet morphique qu'il produit en guise de réponse est décalé dans le temps, et cette réponse est définitive.

Mais l'objet ainsi mis au monde doit pour exister se connecter à ce monde. Il doit prendre sens, fonction, signification, commencer à produire sa propre histoire. S'il a été engendré à partir d'intentions de départ, ces intentions sont la cause de sa venue au monde; mais la justification de son existence ne peut se limiter à ces intentions, particulièrement si elles sont utilitaristes. Une simple contrepartie tangible d'un modèle virtuel est lourdement handicapée par rapport aux objets familiers : s'il n'est plus aspect pur, il est devenu une image solide, le graphe tridimensionnel de régularités numériques complexes – un objet morphique.[4] Aussitôt né, il tente de confirmer sa présence au monde en lançant d'innombrables faisceaux de relations, avec l'histoire, avec d'autres objets, la mémoire, les valeurs esthétiques et symboliques du contexte – il essaie de se mettre en culture, de se stabiliser dans le champ des formes et des objets connus.

Mais la question reste posée : quel est, à partir du constat de ces deux passages, le dialogue qui peut relier l'objet morphique à l'essence d'un travail artisanal? Avant de tenter une réponse à cette question, nous allons décrire deux méthodes qui permettent de voir comment l'ordinateur peut non pas inventer, mais révéler des formes que personne n'a jamais contemplées.

8 – Itérations et hybridations

L'utilisation des hybridations numériques et des géométries itératives, si elle peut produire facilement des formes connues, est particulièrement puissante dans la production de morphologies fortement indéfinissables. Elle permet de prendre des formes familières, dont la signification et la fonction sont stables par exemple une cuiller et une cafetière et de calculer une transformation numérique qui engendrera toutes les formes intermédiaires possibles, aussi rapprochées que l'on voudra les unes des autres. Les formes initiales deviennent des pôles de signification stable; les formes proches de ces pôles leur sont encore identifiées; plus on s'en éloigne, plus la déformation progresse. À une certaine distance des pôles, les objets perdent toute référence à des formes connues.

Bien sûr, la trajectoire qui conduit d'une forme à l'autre est arbitraire, et peut être définie d'une multitude de façons. Mais cela ne fait qu'amplifier le problème, en augmentant le nombre de formes intermédiaires possibles. Replonger les formes familières dans ce contexte, c'est postuler l'existence d'un océan de formes absurdes, duquel émergent çà et là de rares îlots de sens.

Cet *ouvroir de formes potentielles* prend un nouveau statut du fait de l'existence des champs numériques informatiques, et de la relation établie entre une forme eidétique et sa contrepartie morphique par le biais du prototypage rapide. Du point de vue de la terminologie, il faudrait à ces images eidétiques engendrées le long de trajectoires entre des objets connus donner le nom de *mesoeidos*, du grec *meson*, intermédiaire, entre-deux, et *eidos*, pour « aspect »; le terme *morphos*, comme dans « morphing » réfère à la forme une fois devenue tangible, et l'expression *mésomorphe*, quoique vaguement plus familière, reste inexacte. Je favorise le terme méson, plus vague, mais qui évite un néologisme du fait qu'il existe déjà dans d'autres contextes (philosophie, physique) qui modulent sa signification.

Si l'univers des *mésons* contient un très grand nombre de variétés formelles, les images eidétiques produites par les morphologies itératives sont infiniment plus nombreuses. Il s'agit maintenant d'images qui ne sont pas nécessairement construites à partir de formes familières; et qui, si elles le sont, peuvent être transformées de façon à les rendre à tout jamais méconnaissables. Je ne m'étendrai pas sur l'ensemble des transformations possibles; je mentionnerai seulement que la possibilité, pour certains langages informatiques, d'appliquer une opération sur son propre résultat (la fonction itérative) est à la base de la possibilité de faire évoluer des ensembles de formes, et de la démultiplication infinie des variétés d'images eidétiques. Ces images deviennent des *morphologies surrationnelles*, du fait qu'elles outrepassent la logique et la rationalité du système qui les a engendrées, en échappant au contrôle, à la prédictibilité et au déterminisme qui semblent inhérents à la technique informatique.

9 – Un dialogue avec le sens?

C'est ici qu'intervient la conversation avec le concepteur. Dans les deux méthodes présentées, l'image eidétique et l'objet morphique engendrés précèdent toutes les autres caractéristiques de l'objet. Mais cette situation fortement instable ne peut durer longtemps. La production de ces méthodes est destinée à un individu, muni d'une conscience, d'un cerveau, d'un système de valeurs, inséré dans un contexte. L'objet morphique est assoiffé d'interprétation, et le cerveau n'a rien de plus pressé que de lui en fournir une, en lui associant une matière, une échelle, des proportions, des dimensions, un sens, une fonction, en le replaçant dans un champ sémantique, en le connectant à des catégories familières – en le forçant vers un îlot de sens.

La partie la plus intrigante de ce procédé, c'est que cette induction *a posteriori* du sens est loin d'être immédiate. Le concepteur algorithmique se trouve dans une situation où il peut prendre du recul, et se voir en train de tenter d'interpréter et d'intégrer au réel un objet que personne n'a jamais tenté de comprendre avant lui. Cet aspect extrêmement intrigant du travail algorithmique est précisément le lieu où peut s'installer un dialogue. Le concepteur, à la vue de l'objet, propose de façon consciente une interprétation, qui en précise progressivement les dimensions manquantes; l'objet répond à cette interprétation en révélant les conséquences de telle ou telle interprétation sur les modalités de sa mise au monde en tant qu'objet, et sur le statut de l'objet à naître; les modifications éventuellement introduites dans l'algorithme auront pour but d'ajuster la relation de l'objet au monde, de préciser sa morphologie en fonction des premières étapes de ce qu'il faut bien appeler une « sémantisation ».

Là se situe la relation entre le concepteur et son objet; là se déroule cette conversation avec un monde étrange et étranger, qu'il faut apprivoiser, exorciser et rendre à la quotidienneté. Un artisanat algorithmique ne saurait constituer une démarche analytique : son objectif n'est pas d'expliciter les lourds questionnements sur le sens et sa genèse qui sont ouverts par ces méthodes. Il considère ces questionnements comme un état des choses, et le sens comme une donnée première, avec laquelle on tente un commerce. Par cette conversation avec le sens et la fonction, il cherche à *connaître* des objets *a priori* absurdes, par la façon dont ils réagissent à ses premières propositions, et par ses réactions à ces réactions, en un processus qui demande temps, patience, attention. Bien sûr, l'unicité des objets produits n'est pas pour autant garantie, et il revient au créateur de décider de limiter les instanciations d'une forme eidétique; mais cela n'est pas différent du travail d'un bijoutier qui, après avoir produit un bijou à partir d'un moule, détruit ce dernier pour garantir à son client un objet unique.

Les définitions du travail artisanal dépendent du point de vue de celui qui tente de le définir, et de ses intentions vis-à-vis ce travail. L'artiste, l'ingénieur, l'académicien, le philosophe, l'anthropologue, exposeront chacun une image qui parlera autant de son domaine propre que de celui dont il tente de parler. Mais peu de ces spécialistes accepteront d'emblée de relier la production algorithmique d'objets au domaine des métiers d'arts. Toutefois, le déplacement du lieu du travail depuis la mise en forme de la matière vers les processus qui informent la matière, et le dialogue entamé avec le sens et la fonction, forcent à réévaluer cette attitude, et à modérer un jugement trop facilement radical. S'il ne s'agit pas d'une activité artisanale au sens traditionnel du terme, il est difficile, parmi les activités humaines, d'en trouver une qui soit moins éloignée. Qu'elle en soit ou non une extension reste à préciser; mais il semble légitime de considérer qu'elle en constitue aujourd'hui une proche parente.

Lectures suggérées

Bachelard, Gaston – La poétique de l'espace – PUF Collection Quadrige – Paris 1978

Bachelard, Gaston – La terre et les rêveries de la volonté – José Conti – Paris 1948

Gaudin, Henri – La cabane et le labyrinthe – Mardaga – Paris 1984

Marx, Leo – The pilot and the passenger – Oxford University Press – London 1988

Davies, Paul – The mind of God – Simon and Schuster – London 1992

Todd, Stephen & William Latham – Evolutionary arts and computers – Academic Press, 1992

Heidegger, Martin – Essais et Conférences – Gallmard – Paris 1958

On pourra également consulter les URL suivants :

Modélisation déclarative :
www.emn.fr/info/GEODE/La-MD/objectifs.html

Composition algorithmique :
http://music.dartmouth.edu/~wowem/hardware/algorithmdefinition.html

Pour essayer un algorithme génétique graphique :
http//almond.srv.cs.cmu.edu/afs/cs.cmu.edu/user/har/Web/GeneticArt.html

Pour une démarche typique en art évolutif :
http://www.concentric.net/~Srooke/process.htm

Les commentaires de Richard Feynman sur l'accident de la navette Challenger et sur la « Cargo Cult Science » sont accessibles par :
http://www.mindspring.com/~madpickl/home.htm

Notes

1 Voir à ce sujet l'ouvrage « The pilot and the passenger », de Leo Marx ; et les commentaires du physicien Richard Feynman, lors de l'enquête sur l'explosion en vol de la navette Challenger.

2 Il suffit pour s'en convaincre de consulter la terminologie des noms d'entreprise ou de projets hautement technologiques. On y retrouve des raisons sociales comme « Pure Magic Fluid », pour un service de prototypage rapide ; ou « Projet Daedalus », pour le projet d'avion à propulsion humaine du MIT (1987), qui pour son premier vol a retenté le vol de Dédale et d'Icare dans lequel ce dernier a trouvée la mort.

3 Les fabricants d'ordinateurs ne tiennent pas à ce que les utilisateurs sachent comment les ordinateurs fonctionnent.

4 A ces objets morphiques, nous avons donné le nom de « morphones », en référence aux architectones de Malevich. Un morphone est une morphologie abstraite qui, une fois investie d'un programme, d'une fonction, d'un sens, deviendra objet matériel.

Gerald L. Pocius

The Craft of Architecture

L'architecture comme artisanat

Les ethnologues rangent l'architecture dans la catégorie de la culture matérielle, qui recoupe l'ensemble des objets produits par un groupe humain. Cette culture comprend essentiellement l'art (avant tout décoratif) et l'artisanat (avant tout fonctionnel). L'architecture, phénomène universel, constitue l'un des principaux types d'artisanat. Ainsi, pour l'ethnologue, l'étude de l'architecture s'inscrit dans celle de l'artisanat, les deux portant sur la manière dont l'être humain fabrique des artefacts fonctionnels.

La production artisanale, y compris l'architecture, a été façonnée par les désirs des consommateurs, qu'il s'agisse de la personne qui commande une oeuvre ou d'une clientèle anonyme. L'étude de l'influence des consommateurs sur l'architecture s'est souvent arrêtée à la construction des immeubles, c'est-à-dire au travail historiquement masculin de conception de structures en fonction de normes culturelles et de critères économiques. Or, les immeubles sont également bâtis de l'intérieur par l'ameublement, par la tenue des lieux, par l'agencement des couleurs et des motifs – domaine féminin fréquemment négligé par la recherche architecturale.

L'artisanat, et par conséquent l'architecture, reposent sur un choix de formes et de matériaux. En général, le choix portera sur ce qui est agréable, selon le goût du décorateur ou du grand magasin. L'artisanat consiste en grande partie à reproduire des modèles qui plaisent et qui se vendent bien. Ceci n'enlève rien à l'acte créateur, chaque objet créé étant à la fois nouveau et ancien, semblable aux précédents et différent de tout autre.

La dimension morale n'est pas absente de l'univers des artisans et des architectes. Il est question de vérité des matériaux ou de parodie dans le cas des matériaux factices. Souvent, la critique impose une certaine pureté de forme aux objets. Néanmoins, la plupart du temps, l'architecture reprend les styles et les matériaux du passé.

La majorité des bâtiments du monde ne sont pas l'oeuvre d'architectes. L'architecture artisanale est omniprésente dans la vie contemporaine, sous forme de bricolages, d'intérieurs ordinaires hétéroclites ou même de maisons faites d'articles de rebut. Les véritables créateurs des bâtiments sont habituellement des gens ordinaires doués pour la fabrication d'artefacts. Les chercheurs doivent donc se pencher sur la culture de tous les fabricants d'artefacts afin de relever les traits communs à toutes les formes d'artisanat, y compris l'architecture. En effet, tous les objets peuvent être fabriqués avec adresse, et l'artisanat en soi (architectural ou autre) se caractérise par une adresse pour le concret.

Enfin, on a souvent fixé des limites étroites à l'univers de l'artisanat et à celui de l'architecture, en raison de jugements de valeur artificiels entraînant l'exclusion des objets qui ne respectent pas des critères préconçus. Au lieu de restreindre nos recherches, nous devons comprendre que la créativité s'étend à toutes les formes d'objets et que l'uniformité esthétique doit céder le pas à la diversité.

We are confronting issues here that overlap: craft in architecture, architectural craft. But, in both of these, the more fundamental issue remains: the nature of the term craft.[1] Let me start from a very practical viewpoint here; this will help us raise general questions about concepts of "craft" and "architecture" that these papers deal with in specific ways.

As a folklorist (or ethnologist – the European term which I prefer, the term used by Canadian Francophone researchers), I have been working for over 15 years on a major annual folklore/ethnology bibliography.[2] The categories used in bibliographies are practical ways of indicating how particular scholars conceptualize the world. One of the categories I cover is objects: what we call material culture – the objects fashioned by human beings. Material culture is the category that covers all artifacts. This category is then broken down into three more specific categories: art, craft, and technology. These are working categories, but basically art and craft are concerned with product, technology with process. Art includes those objects that are decorative and non-utilitarian.

These are the bibliographer's guidelines for what craft encompasses: "the utilitarian, material text – the fashioned object, the natural object made useful, the raw object cooked."[3] Besides these overall guidelines of what craft is, the section also covers "the process, history, ingredients, function, structure, aesthetic, context, change or adaptation of the product or products of technology." This sounds all encompassing, perhaps confusing, but within craft are specific subheadings.

First, there are those that the studio community usually includes in its definition of craft: ceramics, costume, furniture, musical instruments, even toys. But then there are the items we ethnologists consider as legitimate craft that are often considered somehow ordinary, everyday, and do not usually find their way into craft galleries and schools: tools, vehicles, weapons, and my favourite craft: food. There is one other craft in this section: architecture. We ethnologists consider architecture a subsection of craft; all architecture is craft. These items then, from food and furniture to costume and tools, together with architecture, are all subcategories of the larger category of craft.

If this is so, then craft cannot contribute to architecture, but rather architecture must find its place within craft. Historically architecture had to do with building – with construction – and, as such, has largely been a male domain. But when I think of the craft of the built world, I think of one component as the construction of the shell, and all those other subcategories of craft as contributing to the total picture. Or as Bachelard has put it – a man may construct a house once but a woman continually reconstructs the house through interior ordering.[4] And this leads me to the marketplace.

Material culture researchers have increasingly turned to consumerism as a key to understand the material world – and thus craft. Oversimplifying much recent scholarship, historically men have built, women have arranged. Our understanding of the craft of buildings has often been narrowly focused on who has put them together, not who has purchased and arranged the interior furnishings and finishes. When I look at ordinary buildings I see both the shell of materials that provides the outline for the structure, and consumerism: fashions displayed on an exterior window.[5]

Craft, consumerism: some craftspeople often feel nauseous when they have to utter these words in the same sentence. But, in fact, we should consider the very craft of consumerism.[6] And I do not mean craft in some broadened sense of the term to encompass any skilful act. If consumerism is craft, then that consumerism is based on fundamental principles that govern all craft creativity, whether that creativity is expressed equally well in the purchase of a one of a kind studio product or a Gander Airport thermometer souvenir serving tray. Consumerism is at the heart of many creative acts.

Each of these papers deals with decisions, decisions about design, decision about use. And as these decisions are made, they confront what we ethnologists refer to as the issues of tradition and innovation.[7] Many writers have used different phrasing; T. S. Eliot, for example, referred to tradition and the individual talent.[8] We can think of copying models and adding individuality. Whatever the words, the results are the same. These essays deal fundamentally with these twin issues.[9] As such, a number of key concepts are at work here, concepts that help us to close the perceived gap between the worlds of architecture and craft.

First, the concept of repetition. Here we can add similar concepts: copies, imitations (all connotatively negative) and their positive opposites: uniqueness, individuality. There is a false sense that somehow repetition is not part of the creative world, that craftspeople should not copy. Far from it, the creation of craft has at its centre the assumption that certain cultural forms are important, meet basic needs, and are therefore repeated.[10] Nicolas Reeves perceptively points out that craft work produces things that are both alike and different. We must not lose sight of the fact that every creation is unique and the same. There is, indeed, computer craft.

We surround, however, this need for familiar things with negative commentaries on the evils of repetitive mass-production. That sameness is bad. This is the legacy we live with from William Morris onward. But mass-production merely supplanted what the local craftsperson already did: to make what was wanted and needed. Consumerism has always been a part of all cultures, and specialist producers – whether outsiders or insiders – have been an integral component of most material worlds. Craftspeople have to offer what people want. The Price Clubs, Wal-Marts, or even the Lick-a-Chicks (at Bras d'Or) of our land are operating as corporate craftspeople: they offer what is wanted, and quickly delete what is not.

This brings me to a second concept: truth. With the professionalization of creative activities such as making a building, design and fabrication was sundered. Myriam Blais's paper deals with truth: that designers today are often concerned with form, removed from the honesty of materials. The truthful use of materials brings with it memories of all kinds of pasts and presents. Somehow we abhor the inauthentic, the fake, the bogus. If only buildings could return to the honesty that Morris and Phillip Webb championed.[11]

But there may be a playfulness here, associations with materials as status, as ostentation, as pretence. Association does not always mean truth. Traditional crafts have a long history of veneers, fake finishes, bogus materials. Stucco coverings on the medieval monastery at Fountains in Yorkshire to imitate cut stone; clapboards on a house in Saint John, New Brunswick to imitate cut stone; a sideboard from Trinity Bay, Newfoundland, fake-grained to imitate oak; a modern tourist information centre in Montreal finished as pioneer log house; the new house in suburban Quebec as pioneer log house; the Holyrood, Newfoundland bus shelter as pioneer log house.

Craft deals with artifact experience, no matter what form objects take, no matter how they are assembled or classified. As experience, craft is not something merely tacked onto architecture. Architecture cannot be divided into one category, with ceramics, woodwork, windows or whatever as other categories of craft. This would be like trying to have one category "human body" and somehow "hands" as an autonomous unit. Lutz Haufschild illuminates the experiential material world well when he describes the infusions of light through glass art in the interiors of buildings: buildings are totalities of many things – material and non-material alike – as in the light at the cathedrals of Ely or York.

The craft of building, then, is not the domain of the specialist – the architect – the descendants of the art/craft fissure. The craft of architecture today is all around: in the DIY (Do It Yourself) world of baby barns, in the construction of patio decks and summer cottages. And, even as pervasive, in the craft of interiors: paint, colour, texture, arrangement. And contents: furniture, window dressings, carpets. Craft is not just discreet objects, craft is the assemblage of objects – often made by different creators, often different time periods and places – all a greater sum of the parts. The craft of assembly, of collage: Bernie Hynes's house on Bell Island, covered with discards from the local dump, spaces inside and out, even spilling over onto his outhouse.

Buildings are a product of craft and therefore of skill.[12] This brings up the question of whether our definition of craft is often too narrow. For what do we believe is craft? Things only collectable? Things only that can be displayed in a gallery? Things that only the wealthy can afford? Things that are only taught in colleges? Things that only are analyzed in academic courses? Things that only follow styles? Is architectural craft only buildings? Craft is ordinary. Craft requires skill. One of these crafts is architecture. I see it going on all around me. Using my definition, the craft of architecture is healthy; the craft community is larger than many of us think. Or perhaps want?

Cabin
Smith Ranch Ruby Valley Nevada
Photo: Gerald L. Pocius

Bernie Hynes's outhouse
Bell Island, Newfoundland
Photo: Gerald L. Pocius

Tourist Bureau
Montreal
Photo: Gerald L. Pocius

Finally, then, craft is surrounded by terms – but these terms all add up to one issue: morality. We see craft as moral: moral in its pureness, moral in its ability to express real values.[13] Yet, is there a puritanism in this morality? I heard recently at a folk art conference in Halifax the necessity for us to be "gatekeepers." To keep out what we do not like. If craft is creative, is limiting the options of human creativity appropriate? Limiting architecture to shells of buildings or high styles or certain classes. Creativity should be our moral stance, encouraging it, documenting it when we see it. Craft puritans want only the artifactually orthodox. But the craft of architecture moves us to computer designs and mass-produced construction systems, to playful materials and interiors infused with the light of meanings. Milan Kundera in his writing pointed out the monolithic nature of all ideologies that offered only one view of the world.[14] Monolithic craft ideologies must be regarded with equal suspicion. These papers set us in directions where monocraftism gives way to understanding the diversities of buildings, the diversity of how humans fashion their spaces. Through such studies, the potential to broaden this concept of craft remains.

We hope to lessen the gap between craft and architecture. In that challenge, we must realize that most architecture in the world is vernacular – and is, indeed, the craft of architecture without architects.[15] We must find ways to include these non-architect crafters in our understanding of the built world.

Notes

1. For a history of some of the uses of this term as it relates to the concept of art see: Raymond Williams, *Keywords: A Vocabulary of Culture and Society* (London: Fontana, 1976) 40-43.

2. *Modern Language Association International Bibliography of Books and Articles on the Modern Languages and Literatures*, published by the MLA in New York; the most recent is the 1996 Bibliography, Folklore is covered in Volume 5, material culture on pages 62-80.

3. These and the following quotations are from the Bibliographers' Guidelines prepared by the MLA Folklore Section.

4. Gaston Bachelard, *The Poetics of Space*, trans. Maria Jolas (Boston: Beacon, 1964), 69.

5. Researchers have recently argued that consumerism is fundamental to how Western women configure their material world. Studies of such consumerism redress the balance of artifact studies, which has emphasized male production of things; see: Penny Sparke, *As Long As It's Pink: The Sexual Politics of Taste* (New York: Harper, 1995).

6. For recent developments in the study of consumerism within material culture studies see: Gerald L. Pocius, "Material Culture Research: Authentic Things, Authentic Values," *Material History Review*, 45 (1997), 5-15.

7   These concepts have long been written about as the issues that individuals who must live within group norms have to struggle with; see: David Bidney, ed., *The Concept of Freedom in Anthropology* (The Hague: Mouton, 1963); Daniel Biebuyck, ed., *Tradition and Creativity in Tribal Art* (Berkeley: University of California Press, 1969); Michael Meinecke, *Patterns of Stylistic Changes in Islamic Architecture: Local Traditions Versus Migrating Artists* (New York: New York University Press, 1996).

8   T. S. Eliot, "Tradition and the Individual Talent," in his *The Sacred Wood: Essays on Poetry and Criticism* (London: Methuen, 1950), 47-59.

9   Folklorists have written about these forces of conservatism and dynamism; see: Barre Toelken, *The Dynamics of Folklore* (Boston: Houghton Mifflin, 1979), 34-39.

10 For comments on repetition as a creative act see: Henry Glassie, *The Spirit of Folk Art: The Girard Collection at the Museum of International Folk Art* (New York: Abrams, 1989), 140, 143, 146, 165, 198.

11 John Ruskin, "The Nature of Gothic," in his *Stones of Venice* (New York: Collier, 1900), II, 152-230; Christine Poulson, ed. *William Morris on Art and Design* (Sheffield: Sheffield Academic Press, 1996).

12 For the importance of skill in craft see: Gerald L. Pocius, "Art," *Journal of American Folklore*, 108 (1995), 423-427.

13 For a survey of the obvious moral tenor of the craft world see: Paul Greenhalgh, comp., *Quotations and Sources on Design and the Decorative Arts* (Manchester: Manchester University Press, 1993), section 2, "Morality, Politics and the Spirit for Reform," 27-58.

14 Milan Kundera, *The Art of the Novel*, trans. Linda Asher (New York: Grove, 1986), 7.

15 Bernard Rudofsky, *Architecture Without Architects* (New York: Doubleday, 1964).

Photo Essay

Sarah Bonnemaison
Christine Macy

Craft as Ornament:
A new pavilion in the Botanical
Garden of Montréal

L'artisanat comme ornement :

Un nouveau pavillon au Jardin botanique de Montréal

Sarah Bonnemaison, et Christine Macy, professeures d'architecture à Daltech Dalhousie sont directrices de FILUM Limited, société spécialisée dans la conception de formes architecturales sous tension et dans la recherche en architecture de fête et en urbanisme temporaire.

Organicisme

Le pavillon Fuji, édifice en toile tendue conçu par Filum Ltd. pour le Jardin botanique de Montréal, ne saurait être mieux interprété que par un discours organiciste. Dans son ouvrage *Organicism in 19th Century Architecture*, Caroline von Eck a démontré comment les architectes du dix-neuvième siècle désiraient imiter la nature sans la copier, en créant l'illusion de la vie ou en donnant vie à la matière morte. Des métaphores telles que la croissance et la forme organique ou l'unité téléologique constituent des tentatives organicistes de rendre la beauté de la nature dans les oeuvres bâties. L'architecture est alors conçue comme un livre ouvert de la nature.

Schlegel et le plan

Le philosophe allemand Schlegel a énoncé la théorie fondamentale d'une interprétation tectonique de l'organique, à savoir l'assemblage des éléments d'un édifice.

Il convient donc d'analyser le pavillon Fuji en fonction de son plan, de sa structure de support, puis de ses ornements. Le plan du pavillon rappelle une peau d'animal étendue pour sécher. On y retrouve une unité et une symétrie téléologiques, dans lesquelles il est possible de reconnaître la tête et les pieds, les flancs, les côtés gauche et droit, un avant et un arrière différents ainsi qu'une ouverture centrale circulaire. La distinction établie par Schlegel entre l'organique et l'inorganique transparaît dans la référence organique du toit et dans les forces inorganiques à l'oeuvre dans la structure de support.

Structure de support

Pour Schlegel, l'inorganique se rapporte à la terre; les fondations de l'édifice en sont l'expression. À cet endroit, la tension dans les câbles qui retiennent la tente est égale aux forces compressives des fondations sous les mâts. Les câbles sont retenus par des vis d'ancrage qui ressemblent à d'immenses tire-bouchons plantés dans le sol argileux qui possède une grande force de succion. Les lois géométriques des forces apparaissent clairement dans l'orientation des mâts et des câbles d'arrimage reliés aux vis d'ancrage.

Ornements

Les ornements symbolisent la dimension organique. Les décorations en fer forgé qui ornent le sommet des mâts et le jardin de pierres sont toutes inspirées d'objets d'artisanat japonais destinés aux fêtes agricoles. Elles représentent plus particulièrement les forces créatrices de la nature et l'ingéniosité de ceux qui rendent cette nature productive. La partie supérieure de la gerbe représente les dons de la nature et la partie inférieure, sa transformation par les paysans. Le dessin de l'ornement établit donc un lien entre l'idée de célébration exprimée par la forme de la tente et le paysage environnant du Jardin botanique.

Processus de conception

Même le processus de conception de la membrane étirée s'est inspiré de l'observation de la nature. Ainsi, la pellicule d'eau savonneuse prend la forme d'une surface minimale afin d'utiliser le moins d'énergie possible avant d'éclater. Dans la tradition des architectes du dix-neuvième siècle intéressés par l'organicisme, les concepteurs d'édifices tendus ont étudié les toiles d'araignée pour trouver la meilleure forme possible pour les structures à membrane tendue telles que le toit du pavillon. Par son plan, sa structure et ses ornements qui cherchent à exprimer la nature, le pavillon Fuji a introduit les idées organicistes dans le design contemporain.

Photographies: Carlos Ferrand

Sarah Bonnemaison, and *Christine Macy*, teachers of Architecture at Daltech (Dalhousie) are principals of FILUM Limited, a firm specializing in the design of tensile architecture and research of festival architecture and temporary urbanism.

Organicism

Our project, the Fuji Pavilion a tensile building designed by Filum Limited for the Botanical Garden of Montréal can best be interpreted through the architectural discourse of organicism. Caroline von Eck in her book, *Organicism in 19th Century Architecture*, shows how 19th century architects wanted their art to imitate nature: not by copying it, but with the aim of creating the illusion of life, or bringing dead matter back to life. Metaphors such as organic growth and form or purposive unity are organicist attempts to speak of the beauty of nature in built works. Architecture would then be seen as an open book of nature.

Schlegel & the plan

The German philosopher Schlegel set the basic theory for a tectonic interpretation of the organic – how pieces of a building come together. It is useful to analyze the Fuji Pavilion in terms of its plan, supporting structure and lastly the ornaments of the building. The plan of the pavilion is like the skin of an animal stretched out to dry. It has a purposive unity and symmetry: head and feet, flanks, left and right sides, a front and a back that are different and a circular opening in the middle. Schlegel's distinction between organic and inorganic can be seen in the organic reference of the roof and the inorganic forces at work in the supporting structure.

Supporting structure

For Schlegel, the inorganic alludes to the earth, and the foundations of the building express this. Here, the tension in the cables holding down the tent are just as great as the compressive forces of the foundations under the masts. The cables are held back with "screw anchors" that look and work very much like a giant cork screw into the clay soil, which has great suction. The geometrical laws of forces are most clearly seen in the orientation of the masts and the tie-down cables linked to the screw anchors.

Wrought-iron capital
(Blacksmith: John Little)

Harvest bundles and
gently curved membrane
welcome visitor at entry

Design study for capital

Stretched membrane for
the design model

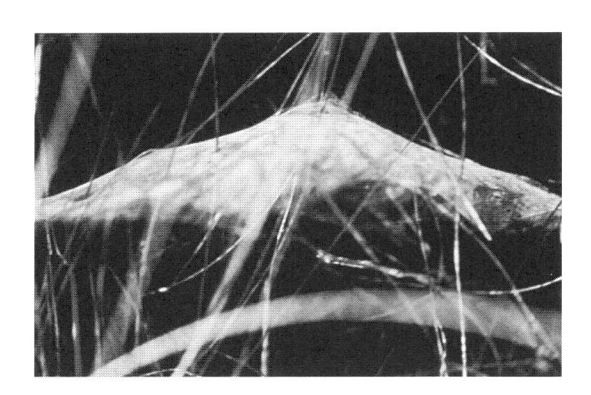

A tensile structure
in nature

Willow fence and
supporting structure

Woven willow fence
(detail)

Golden ironwork
represents frozen sun rays
in the Zen garden

Ornaments

The ornaments refer symbolically to the organic. The wrought iron decorations at the top of the masts and in the central rock garden are all derived from Japanese crafted objects made for agrarian festivals. More specifically, they refer to the creative forces of nature and the ingenuity of those who make this nature productive. The upper part of the bundle represents nature's bounties and the lower part its transformation by the farmers. The design of the ornament therefore links the idea of celebration, expressed in the form of the tent, to the surrounding nature of the Botanical Garden.

Design process

Even the design process of the stretched membrane was inspired from the observation of nature. Soap film will take the form of a minimal surface in order to use the least amount of energy before it finally pops. In the tradition of 19th century architects interested in organicism, tensile designers have studied spider webs to find the best form for stretched membrane structures – like the roof of the Pavilion. In its expression of nature, seen in plan, structure and ornaments, the Fuji Pavilion brought ideas of organicism into contemporary design.

All photo credits: Carlos Ferrand

Mediators of Everyday Meaning

Rae Bridgman

More Than Mere Shelter: Incorporating public art in housing for the homeless

**Beaucoup plus qu'un abri :
intégrer l'art dans le logement destiné aux sans-abri**

L'article dérive d'une vaste recherche ethnographique sur la conception, le développement et le fonctionnement d'un projet innovateur de logement à but non lucratif destiné aux sans-abri chroniques de Toronto.

Une partie de cette recherche consistait à explorer comment le cadre bâti du projet StreetCity (inauguré en mars 1989) et du modèle de deuxième génération Strachan House (inauguré en février 1997) peut favoriser la guérison des personnes dont la vie a été brisée par une expérience d'itinérance. L'article porte sur la manière dont les concepts urbains de « rue » et « d'hôtel de ville » ont inspiré la conception architecturale de Strachan House et, à un niveau d'analyse plus fin, la conception intégrée à l'architecture des planchers de béton de gypse et des rampes d'acier du projet. Il est également question des différentes collaborations intervenues dans la conception, la signification et l'interprétation de Strachan House, à savoir la collaboration entre les concepteurs et la « population cible », entre les architectes et les artistes, ainsi qu'entre le cadre bâti et les résidents. Le mot « collaboration » est pris ici dans son sens étymologique de « travailler ensemble » (« con + labor »).

This article draws on extended ethnographic research documenting the design, development and operation of an innovative non-profit housing model in Toronto for chronically homeless single men and women. Part of my ongoing research explores the potential of the built environment in StreetCity and its second generation model Strachan House to help heal those whose lives have been fractured by their experiences of homelessness.

StreetCity, was designed by architects Marie Black and Walter Moffat, based on ideas generated by a group of homeless and formerly homeless men and developed by the non-profit organization, the Homes First Society, in direct consultation with the homeless. It involved a $500,000 renovation of a 24,000 square foot postal truck garage to build a "town within the city" under one roof. Capital and operating funding came from many levels of government. Seventy residents live in communal "houses" with private bedrooms and shared kitchen, bathroom and lounge areas opening out onto corridors and common areas. The building is staffed 24 hours a day, seven days a week, and residents are encouraged to cultivate a mutual-help approach to their individual and collective needs.

Over time, residents have formed an elaborate community structure including bi-weekly meetings of residents, known as the Town Council. They elect a Mayor and a Mayoress. A Mediation Committee helps residents to resolve conflicts. An Intake Committee oversees the review of applications of homeless people who wish to come and live in the building. A Maintenance Crew of residents is paid to handle cleaning and maintenance of the building. Residents pay monthly rental charges and the project is also funded through hostel per-diems.

The StreetCity model has received international attention for its success in helping the chronically homeless to work together to build new lives for themselves. It goes beyond standard emergency responses to the ever-increasing numbers of homeless in Toronto and elsewhere. It acknowledges that "housing" requires more than a simple bricks-and-mortar approach for addressing the potentially long-term need for those who have experienced homelessness to heal themselves. While StreetCity was designated as transitional housing to help residents move on to more conventional stable accommodation, a number of long-time residents came to think of StreetCity as their "home."

StreetCity opened officially in March 1989. It was meant to be a temporary building to last from two to three years, until a more permanent site could be located. Provincial funding for the second project, Strachan House was obtained only in December 1994. Construction of Strachan House began in late spring of 1996, and residents began to move in just before Christmas of 1996. (Approximately 35 residents from StreetCity chose to move to Strachan House, while others have come directly "off the street" to live there.) The original StreetCity is still in operation, but at the time of writing this article was due to close sometime in the spring of 1998. There were discussions at the municipal level about developing a third StreetCity.

In other work, I have highlighted how the "street" functions as a metaphoric spatial device in the design of the original StreetCity. I have explored how the wide central corridor in StreetCity, named by residents "Main Street," provides a place for casual "hanging out," a means of sometimes dramatic entrance and exit, a place for community meetings and celebratory feasts together, a place "to see and be seen," a place for public and collective security in a context where the violence associated with street life does not necessarily stop at the door.[1] The greatest part of StreetCity is given over to public and semi-public areas in contrast to conventional apartment living in which private space is privileged over shared common space.

In the words of one StreetCity resident I interviewed, who had spent four years on the streets, "No one really ever comes off the streets. You carry that with you for the rest of your life. You carry that fear that it may happen again."

Streets are not only streets, pathways for orderly circulation of vehicles or pedestrians. The streets are also the hallways and dwelling places for those who are homeless. The homeless live, and the homeless die on the streets. The street is a significant part of homeless identity, a deeply expressive aspect of the built environment.[2] "To live on the street" carries the social weight of failure in the eyes of society-at-large. Yet the "street" in StreetCity has turned from being a marker of ostracism and failure to become a vital vehicle for community well-being.

The architectural design of Strachan House

The design of the second StreetCity (Strachan House) by Janna Levitt and Dean Goodman involved a provincially funded $3.3 million renovation of a turn-of-the century 40,000 square foot brick warehouse. As part of extended community consultation processes, Levitt and Goodman attended

Plate 1
A view of the Town Hall in Strachan House where residents gather regularly for meetings.
Photo: by Robert Burley/Design Archive.

Plate 2
Looking across to the stair landings and railings in Strachan House.
Photo: by Robert Burley/Design Archive.

many meetings with residents and staff of StreetCity, focus group meetings at city drop-in centres for the homeless, as well as meetings of front-line workers, to hear responses to their design proposals.

Following StreetCity's precedent of open, free space the three-storey building is organized into "houses" with porch areas, four houses to each floor, linked by curved public corridors that open out to informal common gathering areas, and raw unprogrammed spaces whose uses residents will eventually determine. The long interior sight-lines of StreetCity were carried over into the design of Strachan House so that residents could see who or what was coming. Two pathways of exit were the rule of thumb for all design, so that no one person can dominate or control access or egress from washrooms, common areas, kitchens.

The three floors have been connected vertically at either end of the building by stairs, walkways and soaring glassed-in atrium walls (the "street" rendered vertical in design terms). The eastern atrium, designated as the "Town Hall," is flanked by the base of a towering chimney topped by an "S," part of the building's industrial heritage (PLATE 1). Half-demolished brick walls, unpainted, frame the hall. Timber columns, beams, the use of rough lumber, and exterior lighting fixtures all reference the "outside" come "in." The Town Hall is used for resident Town Council meetings to dispute, mediate and resolve. It is also a place to prepare and eat communal meals, and more generally is a place for people to gather, chat, and play a game of cards in much the same spirit as that central sociable space of ancient Greece, the *agora*, a free space which was an integral part of the streetwork of the city and accommodated many purposes.[3]

Degrees of collaboration

David Warne and Paul Raff, architecturally-trained artists who have worked closely together for a number of years, were brought in part way through the construction of Strachan House to design, help pour and finish the gypsum concrete floors throughout the three levels of the building. Of their process of working together, they say, "We have a kind of fluid relationship of who's particularly an expert on what, and who's responsible for what work, because we're two people constantly sharing authorship and ensuring the creative and rigorous critical process that goes with that."

In Strachan House, they were given tremendous latitude to develop their ideas, and yet the implementation of those ideas required at times complex feats of coordination with other phases of construction in the building.

Their rhythm of completing the work depended on many others, and what had originally been understood as a two-month project was drawn out over a period of eight months.

One of their starting images was based on the patterns of fissures produced when sheets of glass are shattered. Webbings and striations radiate from the Town Hall outward through the entire building, marking the corridors in Strachan House much as the streets and sidewalks of the city are stained, cracked, and scored. A formwork of thin channels of plywood strips were affixed to the floor and then the self-levelling gypsum concrete was poured. The channels form irregularly-shaped planes with subtle slopes depending on floor levels. Even when the channels were at times unpredictably covered over by the gypsum concrete, they subtly telegraph their presence to the pigmented surface.

Found objects – an old screwdriver, a bicycle wheel, a rusty metal relic reminiscent of vertebrae, for example – embedded at the time of pouring the floor have left their traces in odd places throughout the building, much as fossils of lost or abandoned belongings. A large granite boulder cut in half, sits shifted on its axis by the Town Hall. The threshold to the building was cut from this boulder and features a child-size handprint.

Warne and Raff had the opportunity to confer with residents of StreetCity about their plans on several occasions during Town Council. Response to their ideas was enthusiastic and residents were involved in contributing some of the "found objects." When the idea of the boulder was broached, one of the long-time StreetCity residents who loved word-plays leaped forth, and declared "The bolder the better." Not missing a beat, Warne's and Raff's response: "How bold can you be?"

Although the railings along the walkways and stairs in the Town Hall were built according to Ontario Building Code specifications in terms of height, it was felt that the railings should be higher in order to discourage any residents from taking a flying leap. Scott Childs and Steve Marshall were invited to design and produce steel railings (PLATE 2). They came in relatively late in the construction process and did not ever have an opportunity to meet with future residents, but were at one remove inspired by some of the ideas that Warne and Raff generated for the floors, for instance, fissures and cracks. This project was in some ways a first for Childs and Marshall to work together collaboratively in a context of "These railings are 60 inches high. What can you do?" Often they worked together to make what had already been designed by someone else. Childs spoke about the freedom they were given in the Strachan House project and the constraints. "It's one thing to make art on your own, than to make it as a pair. You start getting into your habits of controlling it. You're very focussed, very individually focussed, and it was a very interesting process to give half of that up. It was an equal partnership. And you know we're in concert with an entire building, you're in concert with everything that's going on there which we have no control over."

In speaking about the process of collaborating with the artists on Strachan House and issues of trust, the architect, Janna Levitt reflected [these ideas are paraphrased]: "We were able to give the building over to the other fields, trusting that everyone brought their "expertise," and that we could learn from each other. This is what I'm most excited about. The building was the common thread for our exchange of ideas. The work we were doing was for a specific building, a specific site, a specific group of people. It takes art out of the gallery context, it's more than some appendage."

Inhabitation

This study of the design of housing for the chronically homeless and architecturally-integrated art challenges conventional ideas about hostel provision and emergency measures to alleviate homelessness. Art in this context helps in the healing process by building upon images that have an evocative capacity to turn "living outside" literally and figuratively into a sheltering environment. These acts of place-making and art-making defy perceptions of the homeless as impoverished, derelict, undeserving, and grant social value to street people's abilities to survive against extraordinary odds.

The scarred skin of the floor echoes the textures and stories of the adaptive re-use of a vacant industrial municipal building. Stewart Brand writes in his book *How Buildings Learn*: "Learning in a building... is a simultaneous process of constant self-healing and of arranging for greater possibilities... What makes a building learn is its physical connection to the people within."[4] I would add to this that people learn too from their physical connection to the buildings they inhabit.

Strachan House is still so new in many ways. The community is in the process of re-defining itself in relation to its roots in the original StreetCity. Some of the women residents have begun very slowly to claim space in the building and to reclaim a sense of "home." One has hung a cuckoo clock from the porch area outside her room, together with a fabric festoon of diaphanous brilliant yellow.

Residents' reactions to the building in general speak to a sense of pleasure in the materiality of the building – one commented as she idly watched the smoke from her cigarette curl high, high above her head that she felt as if she was living in a "palace." This woman had lived at StreetCity a long time, almost since its beginnings. She had decided to move to Strachan House, and then actually refused to move for two months, delaying leaving what was familiar. Another, also a long-time resident at the original StreetCity, followed the tracings of the letters M A G E N in the patterns of the floor. Once pointed out, they were clearly visible. From that, she took I M A G I N E. She named the stories she saw in the railings, the butterfly slipping out from its chrysalis, a beating heart at the centre, the moon and the heat of the sun.

The casting of bare footprints in the gypsum concrete, an exemplar of the *personal*, is secured in the most *public* forum in the building, the Town Hall! (see PLATE 1, bottom left). The footprints are an indication of one's place in the world, a reminder of the fact that the floor is where our bodies make contact with a building most of the time, or at a larger scale in the city, our bodies make contact with the street. Our private weight carries public action. The footprints alternate between being covered by a sofa, and the next day the sofa has somehow been moved again, allowing the prints to be exposed.

One resident, usually silent, whom I had never heard over the course of two years speak beyond more than a monosyllable in casual conversation or at meetings, mused for a moment as he sat basking in the morning sun in the Town Hall, "The brick, the wood – it's very spiritual. The wood, the metal, the stone... we're in the middle of history."

Notes

1. Rae Anderson, (also known as Rae Bridgman) "Street as metaphor in housing for the homeless" *Journal of Social Distress and the Homeless* (1997) 6 (1) 1-12. See too, 3 forthcoming publications: Rae Bridgman (also known as Rae Anderson) (1998). "The architecture of homelessness and utopian pragmatics" *Utopian Studies*; Rae Bridgman (1998). A "city" within the city: a Canadian housing model for the homeless." Open House International; Irene Glasser and Rae Bridgman. (n.d.) *Braving the Streets: Anthropological Perspectives on Homelessness in the United States and Canada* (Providence, Rhode Island: Berghahn Books).

2. Paul Groth, "Third and Howard: Skid Row and the Limits of Architecture" In *Streets: Critical Perspectives on Public Space*, edited by Zeynep Celik, Diane Favro, and Richard Ingersoll (Berkeley: University of California Press 1994).

3. William H. Whyte, *City: Rediscovering the Centre* (New York: Doubleday 1988) 339.

4. Stewart Brand *How Buildings Learn: What Happens After They're Built* (New York: Viking Penguin 1994) 209-210.

5. Thanks are given to the Social Sciences and Humanities Research Council of Canada for their support of the research upon which this article is based through a Strategic Grant [Women and Change] (1995-1998).

6. Thanks are also due to Robert Burley for permission to use his photographs of Strachan House.

Penelope Kokkinos

Crafts: transient/transitional/ transgressive bodies

Métiers d'art : objets transitoires/transitionnels/transgressifs

La présence d'articles précieux, tels que des objets artisanaux, joue un rôle important dans la portabilité et la transmutabilité de l'identité personnelle et culturelle. Pour les quelque 110 000 migrants interprovinciaux et 265 400 immigrants que compte le Canada chaque année (Statistique Canada, 1993-1994), ces articles peuvent devenir des objets « transitionnels » qui facilitent l'adaptation à un déplacement physique et affectif en créant un lien entre deux univers. De par leur dimension transitionnelle, les objets artisanaux peuvent également nous aider à définir et à mettre en question notre situation par rapport aux autres.

Dans cet article, l'expression « objets artisanaux » désigne des objets faits à la main, que l'on ne choisit pas d'abord pour combler des besoins ou des désirs corporels, mais plutôt pour servir d'indicateurs culturels qui permettent de situer le corps physiquement et affectivement dans l'espace quotidien. En ce sens, l'artisanat dépasse sa fonction « utilitaire » pour assumer un rôle transitionnel.

Le psychanalyste D.W. Winnicott définit le phénomène transitionnel comme « le lieu de l'expérience culturelle... l'espace potentiel entre l'individu et l'environnement... »

Dans cet ordre d'idées, le déplacement des objets artisanaux reflète le déplacement des personnes, et leur présence familière au milieu d'éléments peu familiers aide à apprivoiser un espace nouveau.

Il s'agit ici d'un déplacement tant physique que métaphysique, puisque le déplacement du corps s'accompagne d'une rupture des attaches identitaires.

Le phénomène transitionnel peut être illustré par le façonnement de la paroi d'un pot. Cette paroi sépare l'intérieur et l'extérieur du pot, mais, comme le souligne Winnicott, elle les unit en les séparant.

L'article aborde le rôle politique et affectif de l'objet artisanal dans l'espace quotidien. On y montre comment l'artisanat peut jouer un rôle transitionnel (D.W. Winnicott) et comment ces objets transitionnels ou dociles (J. Randolph) peuvent aider à situer le corps en mouvement dans divers lieux publics et privés. On examine également comment les objets artisanaux situés dans des environnements domestiques et publics fixes peuvent affecter et même transgresser ces espaces fixes en articulant et en favorisant d'autres rapports avec eux.

Dans un contexte domestique, l'attachement d'une personne ou d'une famille à un objet artisanal peut conférer une dimension affective à un lieu, sous la forme d'un sentiment d'appartenance ou de sécurité. Dans un lieu public, l'objet artisanal peut être placé à un endroit stratégique afin de créer une transition ou une « zone de confort » entre l'espace privé et l'espace public. En qualité d'oeuvres transitionnelles et transgressives, les objets artisanaux peuvent, par leurs motifs et leur emplacement, aider à surmonter les différences de sexe, de race, d'origine ethnique, de capacité physique, d'âge et de classe qui préoccupent nos contemporains.

"For every individual, the use of space is determined by life experiences that take place in the early stages of the individual's existence."[1]

D. W. Winnicott

Recently, I have had the experience of relocating to Montreal to pursue my studies at Concordia University. During the course of unpacking, I dared myself to calculate how many moves I've participated in during my lifetime. As I counted, I quickly discovered myself running out of corresponding fingers and toes, and, in the end, I arrived at a rather stunning total of 33 household moves.

During these periods of transit, I could not always rely on the immediate presence of pre-existing relationships with family, friends, intimate partners or professional peers. Without sustained access to these primary providers of physical and emotional support, I asked myself what else might be present in my life that was capable of contributing to my sense of being at "home" while, in fact, I was situated amidst great periods of change?

I would like to suggest that the presence of precious items, such as craft objects, amongst other things, play an important role in the portability and transmutability of my, and other people's, various identifications. I believe that, for me, and perhaps for the current average of 110,000 inter provincial migrants and 265,400 immigrants to Canada[2] annually, that crafts can function as "transitional" objects, objects that act as pliable liaisons in the physical and affective transit of a global community. I further suggest that crafts, as "transitional" objects, help define and question where and why we situate ourselves, and are situated, in relation to others.

During this paper, when I speak of crafts, I am referring to handmade, objects of choice; objects that are not primarily manifested to satisfy bodily needs or desires. Instead, they operate as cultural indicators that physically and affectively locate a body within the space of everyday. I think that crafts can extend beyond their "utilitarian" function to operate, in a sense, as "transitional" objects. Winnicott defines transitional phenomena as: "The place where cultural experience is located… the potential space between the individual and the environment."[3]

In referring to my personal experience of contemporary transient society, I think that crafts, as "a few of my favorite things," help to locate, place and manifest my experience of home, and in doing so, assist me to relate to, negotiate and appreciate a new space or environment. It is my contention that craft objects possess some communication of intent or affect that surpasses the primary utility or commodifying aspect of the objects' basic function. They are precious objects because of the transitional qualities they reflect, which assist and promote the re/location and re/definition of a contemporary identity. Further, I believe that the displacement of craft objects mirrors human displacement (physical, emotional, contemporary, historical) and that crafts are useful in locating the familiar/unfamiliar within a relocated subject's position of changing space and place.

Winnicott is concerned with the subject effects of meaningful or intimate contact gained through the childhood experience of relating to objects. Transient motifs and self referential inferences of experiences resurface in a mobile adult world in the same manner as they do in the child's, causing one to re/position or re/create a home for oneself within a foreign or changing space.

Regina ceramist Jeannie Mah says that connotations, ideals and politics also migrate with objects and people, and are continually in flux as they are retranslated into a new context. "In this new socio-cultural context, objects embued with certain ideals must realign or change. New environments reveal inconsistencies between ideology and reality. Mimesis, assimilation, acculturation reveal the struggles within and between identities as they produce new hybrids of pots and people."[4]

Mah made these statements with reference to her 1992 work *History + Memory(2)=*, which was commissioned by the city of Regina, her birthplace, when Mah returned to live there after a 13 year absence. Mah said this commission gave her a practical opportunity to reflect upon her historical connection to a specific physical site.

> "I use the tradition of the commemorative cup to my own purposes. An image [of myself], a little girl of immigrant parents, surrounded by North American advertising, in front of the family store (our home), is placed onto a simple cup... In this way, I reinsert [into a municipal structure] the neglected history of the Chinese grocery and the lively neighborhood which existed before [on the same location as] the newer construction of the city hall." [my parentheses][5]

African-American author bell hooks refers to home, black culture and margin in a similar way by saying:

> "I had to leave that space I called home to move beyond boundaries yet I need also to return there...
>
> At times home is nowhere. At times one's home is nowhere. At times one knows only extreme estrangement and alienation. Then home is no longer just one place. It is locations. Home is that place which enables and promotes varied and ever changing perspectives, a place where one discovers new ways of seeing reality, frontiers and difference. One confronts and accepts dispersal, fragmentation as a part of the construction of a new world order that reveals more fully where we are, who we are, who we become, an order that does not demand forgetting."[6]

Winnicott observed that a child often chose a soft, pliable, tactile object, such as a blanket or toy, during the transitional period when the child was attempting to become a body and a self, distinct from the mother's body and self. Thus, Winnicott used the term "transitional" to refer to the developmental phases in which an infant is "in between" experiencing the mother as extension of self and experiencing the mother as separate from self. The "transitional" object does not have a utilitarian function dominating its form even though it has obvious, perceivable properties. The child interacts with the transitional object as if it were experiencing life along with the child. Winnicott believed that when a child begins to play with this "transitional" object that it is "neither a matter of inner psychic reality nor a matter of external reality."[7] The "transitional" object is neither inner nor outer, it encompasses aspects of both.

I call to mind a discussion of "cupness," as articulated by Jeannie Mah, as another way to envision Winnicott's "point of initiation" between whole and separateness. Transitional phenomena can, in a sense, be seen as being materialized in the making of a pot wall. The pot being perceived as part of a union of space, both inside and out, or as Winnicott says a separation that is not a separation but a form of union. Jeannie Mah uses her concept of "cupness" as an implied reference that deliberately positions her ceramics within a space of in-between. In talking once more about *History + Memory(2)=* Mah states that, in her cups," the process of formation and transformation, are caught in a static moment. History congeals them, lifeless and out of context. Yet histories and memories are reinvented as they are remembered."[8]

According to Winnicott, the "transitional" object is, above all, an object of choice. Therefore, every object is not a "transitional" object. It is in this way that I think that, craft, as a "transitional" object, differs from a multitude of other objects and commodities. A "transitional" object is not an object that is over commodified or over collected. It does not confer status on the owner. Neither does it function to satisfy bodily needs. It is a symbol of bodily experience in the world.

Winnicott states that every "transitional" object is a "found" object that the infant relates to creatively through play. Yet, if an article of someone else's choice enters the baby's space, it is received as an object of persecution and the infant unable to reject it. Furthermore, if unwanted objects are injected into an environment or chosen objects are denied, trauma results. Trauma that implies a break with experience in life's continuity, or personal beginning. A type of trauma that I feel can be translated into a contemporary experience of consumeristic, virtual or hypo real environments.

By place, I mean environments that are ordered by the subject's fixed positions. Here, I wish to consider how the effect of crafts situated within specific places, might affect or even transgress that place by articulating and promoting alternative engagements with it.

Pottery, as a craft practice and as a commodity of utility, appears to be beyond speculative form and independent from the body. Yet its formation proceeds from gestures and bodily languages. As gestures of the hidden body

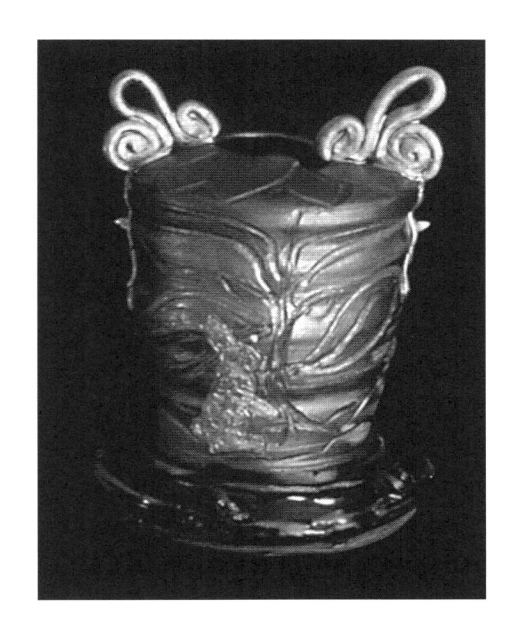

**Twilight Lovers
Meet Peter Rabbit**
Clay
by Penelope Kokkinos, CAN, 1993.
Photo: Courtesy of the artist

Plan for: History + Memory (2)=
by Jeannie Mah, CAN, 1992.
Photo: courtesy of the artist

pottery frequently performs as a craft that transforms and shapes observation by reference to the flesh and the motility of human presence. In referencing the body, I think that pottery, as an object of contemplation, is capable of providing an active space for display and discussion of such topics as sex, gender and the homo/hetero erotic within a cultural engagement.

The intimate, tactile appeal and imagery of my ceramic piece entitled *Twilight Lovers Meet Peter Rabbit* speaks about lesbianism as being subject to the ever present filter of the "male gaze," alias Peter Rabbit. It also speaks about a historic Western cultural past, in that the nude poses of the women on this particular pot have been sourced directly from *The Sleep* (c.1850), a work by the French artist Gustave Courbet and a painting specifically commissioned as a commodity for the nineteenth century bourgeois male gaze. Admittedly, the contemporary narrative of my pot is not infused with the same sort of visual impact or open, "in your face" lesbian stance and gender juggling as that found in Della Grace's *The Three Butches* (1992). Nor does my ceramic imagery or that of Montreal potter Paul Mathieu's piece *Garniture* (1993), have the same boldness of intent as the heroic homoerotic display (4.0 x 6.5m) of male majesty figured in Attila Richard Lukacs's painting *In My Father's House* (1989). The intention of these ceramic pieces is to represent the heterosexually imposed abject view of lesbian and gay culture while at the same time re/positioning this otherwise exotic subject matter within an expanded everyday viewing. These pieces "function" to broaden or unhinge a fixed placement of a mainstream definition and consciousness.

I suggest that my images (22 x 16 x 16cm) and those of Paul Mathieu's (40 x 120 x 30cm), embody the power of a different sort of subversive. Generally, pots are smaller commodities, in size and price, than the majority of sculptures and paintings and are therefore more portable and affordable than many of their creative counterparts. In other words, pots are accessible as relational objects within domestic, as well as public, everyday spaces. They contain aspects of portability and preciousness that other objects may not possess. Additionally, because pots are precious and often dwell in the home, they are generally not perceived as threatening entities. Therefore, ceramics/crafts are often capable of commanding a quiet sort of subversive politic (if so inscribed), within a familiar and more personally directed locale. As articles of contemplation, I feel that crafts "function" as objects capable of presenting an air of reassurance within their presentation of difference.

Toronto psychoanalyst Jeanne Randolph would call such objects "amenable" objects.[9] Randolph's formulation of "amenable" object, builds on Winnicott's theories to suggest that in art and craft, it is the ambiguity between the objective and subjective that gives such works a unique psychological validity. She posits that the model of the "amenable" object is what she calls an object response to an interaction with the viewer, claiming that, in some way, the materials and methods of which the object was made had been rendered by the maker into something amenable to exploratory, and not reactionary, subjective interventions.

In the same way that the body becomes displaced when the subject becomes unfixed, I think that a craft object can face a problematic dissolution of its "amenable" qualities when it is lifted from the active, experiential, relational spaces of the everyday and resituated in, for example, an isolating traditional archive or museum display. In such situations, generalized cultural values often proceed personal use values and the object is experienced primarily as an item of voyeuristic abstraction. For example, *History + Memory(2)=* by Jennie Mah has been situated in cases in the executive offices on the tenth floor of Regina's City Hall. This out-of-reach placement, to my mind, cancels out the fragile, tactile re/experience of Mah's precariously crafted pottery thereby disconnecting or diminishing its currency as an intimate connection to past local memory. Conversely, the Champagne Bath pool murals by Ottawa ceramist Mimi Cabri – or her more intimate restaurant tableware – can provide investigative and interactive experience. Their placement in a public environment maintains the transitional link or sense of supportive belonging during individual negotiation of public and private space.

Through their motifs, and placement of the personal within the cultural, I think crafts, as transient, transitional, transgressive works, relocate, validate, support, and express "other" issues of contemporary concern such as sex, gender, race, ethnicity, class, etc. Crafts surface as marginal objects of transition, participants in, as bell hooks says, "…that space in the margin that is a site of creativity and power, that inclusive space where we recover ourselves…"[10]

Crafts exist as part of the whole on the edge, traversing space, seeing inside, outside and in between, transposing face upon place. Crafts, through the touch and trace of their makers, impart an intimate communication about relations of bodies and affect, objects and environments. Crafts, as familiar artifacts, initiate the play of the personal into the games of the public. Crafts, as precious objects, are transformative and performative, making them, I think, poignant markers of choice within the transitional spaces of the everyday.

Notes

1. D. W. Winnicott, *The Location of Cultural Experience* (London: Int. J. Psycho-Anal. 1967) 371.

2. Statistics Canada. National Capital Region Statistical Reference Centre. Ottawa: CAN SIM DISC, Matrix 5776, 10 F 0007XCB, March 1996.

3. Winnicott, *op cit*. 370-371. See also D.W. Winnicott, *Playing and Reality* (London: Tavistock Publications, 1971) 95-109.

4. Jeannie Mah "Subjective Ceramics" *Contact* Spring 1995, pp. 6-9. See also Jeannie Mah and Bill Rennie. *April/Paris-Jeannie Mah* (Vancouver: Grunt Gallery 1990).

5. *Ibid* 9.

6. bell hooks, "Choosing The Margin As A Space Of Radical Openness" *Framework* 36, 15-23.

7. Winnicott, *op cit*. 369.

8. Mah, *op cit*. 9.

9. Jeanne Randolph, *Pschoanalysis & Synchronized Swinning* (Toronto: YYZ Books, 1991).

10. hooks, *op cit*. 23.

Michael McClelland

Canonic Interpretation of the Object: the Example of the Restored Historic House Museum

Interprétation canonique de l'objet : l'exemple des musées aménagés dans des maisons historiques restaurées

Habituellement, les maisons historiques abritant un musée sont restaurées afin que le public puisse en interpréter et en apprécier la richesse. Il s'agit de bâtiments qui ont joué un rôle dans l'histoire ou qui se caractérisent par un style architectural particulier, l'utilisation de matériaux archaïques ou une technique de construction traditionnelle. Grâce à la restauration, la maison historique devient non seulement l'emplacement de la collection muséale, mais également le plus grand artefact du musée.

Le critique d'architecture Juan Pablo Bonta a soutenu que la signification culturelle d'un bâtiment évolue au fil du temps. Elle se constitue peu à peu, pour culminer dans une interprétation canonique qui reflète un large consensus quant à sa nature. Par la suite, ce consensus s'effrite et laisse la place à d'autres interprétations qui engendrent de nouvelles significations. Cette dimension de relativité soulignée par Bonta pose cependant des problèmes à l'égard des bâtiments restaurés qui sont assimilés à des artefacts muséologiques dont la valeur consiste à être le reflet authentique d'une époque donnée.

L'article décrit en quoi la restauration constitue, d'une part, une modification de la structure ou de la forme concrète du bâtiment et, d'autre part, un acte d'interprétation qui impose une signification canonique au bâtiment pris comme objet.

Actuellement, on s'interroge sur la raison d'être de nombreux musées aménagés dans des maisons historiques restaurées, pour diverses raisons telles qu'une faible fréquentation attribuable au désintérêt du public et à la concurrence d'autres lieux de culture et de divertissement. Il est donc essentiel de comprendre le caractère potentiellement limitatif des restaurations antérieures et de reconnaître la nécessité d'une réinterprétation.

« Quatre étapes mènent d'une vision naïve à une vision juste de la signification en architecture : ignorer la distinction entre la forme et la signification; constater la différence à contrecoeur; accepter cette différence; en reconnaître la nécessité afin que l'architecture devienne un élément de la culture humaine. »

Juan Pablo Bonta

The public interpretation of historic house museums is, I think, relevant to the more general discussion of how crafts are understood within the built environment. They are buildings that have been restored to a particular historic period for the purpose of public interpretation, and have been identified as either having historic importance related to persons or events or they are of significance for their particular architectural style, their archaic materials or traditional construction technologies, and they are interpreted accordingly. They illustrate an Alice-in-Wonderland type of dilemma in which objects are turned into artifacts, similar to the transformation that occurs for craft materials placed within a gallery or museum setting.

To address this issue of interpretation there are three chief themes which can be explored.

The first theme is the cultural meaning of buildings. What is the relationship between a building and how it is interpreted culturally, and if there is a difference, how do we appreciate that difference? How are buildings given historical value?

The second theme is museological. How have whole buildings become museums, not as containers for collections, but actually as the museum's largest artifact? What happens to objects that become museum artifacts?

The third theme is related to the built environment. How have attitudes to the conservation of the built environment altered our understanding of these museum buildings?

First, there is the theme of the cultural meaning of buildings. The architectural critic, Juan Pablo Bonta, has argued that the cultural meaning associated with a specific building will change and develop over a period of time and culminate in what he called a canonic interpretation, which is a widely held consensus regarding the nature of the building's cultural meaning.[1]

Bonta used the example of the Barcelona Pavilion to demonstrate how historical perspectives are constructed for buildings. His research was based on recording all references to the Pavilion in available architectural publications since construction and he described several shifts in interpretation over time.

The first stage was simply a period of unawareness, and he noted that the Pavilion, which was demolished after the 1929 World's Fair, was barely mentioned by the architectural press who visited at the time. It went unnoticed by almost all architectural critics who saw it.

The second stage Bonta called the pre-canonic response and by this he referred to early written descriptions of the building, which did not acknowledge the significance the building was later to achieve. An example is Hitchcock's early and very brief description of the Barcelona Pavilion as a "useful experiment" for the young architect Mies van der Rohe.[2] These pre-canonic comments tend to be sparse, random and personal.

Three decades later Hitchcock was to call the Barcelona Pavilion "one of the few buildings by which the twentieth century might wish to be measured against the great ages of the past." By this time, 30 years after the building's demolition, a set canon of collective opinions were established which were repeated over and over throughout the architectural press – a canonic interpretation. This interpretation[3] repeatedly referred to key values in the building – to the Pavilion's flowing space, its innovative free plan, its relation to a De Stijl painting, and its stature as a masterpiece of the twentieth century.

A similar chronology occurs with many buildings, and in a general sense with most cultural artifacts. There is a period of use, a period of neglect, a period of gradual and often begrudging recognition, and then a collective or canonic interpretation which defines in key, and frequently repeated phrases, the significance of the object. What Bonta points out however and what is of interest to us today is that canonic interpretations are not permanent. The meaning of buildings continue to change over time and the meaning does not rest with the building but is created by an interested public. Bonta noted that by the 1970s the Barcelona Pavilion was gradually receiving less and less publicity as the architectural community shifted its interests, and as the canonic interpretation ceased to impress or find relevance. This would suggest, and I think it does, that it is crucial to distinguish between the built form of the building as an object and the transitory cultural meanings applied to that object over time. If the building is to maintain cultural relevance new canonic interpretations must be creatively developed. It is possible, as an example of reinterpretation, to speculate that Bonta's own writing about the Pavilion in the 1970s led to a cultural reexamination of the building and its eventual reconstruction.

Bonta summarized his study by stating that a sound view of meaning in architecture means to move from a regretful awareness of the difference between meaning and form, to its acceptance and its recognition as essential for architecture to become an element of human culture.

With many buildings the canonic interpretation is frequently the placement of the building within an art historical framework. A building during its period of neglect is simply regarded as obsolete and old-fashioned – as Toronto's Old City Hall had been seen from the 1920s to the 1960s, when it was replaced by Toronto's New City Hall. Now it is difficult to discuss this specific building, the old Hall, without acknowledging the accepted canonic interpretation that was adopted in the 1970s. This canon is primarily art historical and includes references to the Richardsonian Romanesque style, the building's robust stonework, and some reference to its architect, E.J. Lennox, with a story or two that portray him in the popular image of the romantic architect as *auteur* and artist – the rugged individualist fighting in the competitive business work of commerce and construction. With proposed changes in local government in Toronto it is likely that both the Old and New City Halls will receive strong and renewed interest, presumably with a much more political reinterpretation of the buildings as places for responsible municipal government, both historically and currently.

The relativity of Bonta's argument however poses problems for buildings that have been restored as historic house museums. As museological artifacts they have a fixed cultural value tied specifically to their association to a particular period, person or event and they have been given the attribute of authenticity, which implies that the cultural value is not an applied interpretation but is a value intrinsic to the object. The buildings have been strongly linked to an interpretation that can be described as monumental because, it is proposed, the interpretation will not change over time. The home of William Lyon Mackenzie will always be interpreted as a commemoration of the political life of Mackenzie, Toronto's first mayor. Spadina, the home of the Austin family, will always be used to interpret the life of an elite family in late Victorian Toronto.

To examine this problem for museum buildings more clearly, it is necessary to discuss briefly the evolution of historic house museum exhibitions and how attitudes towards the conservation of historic buildings have changed.

Nineteenth and early twentieth century historic house museums had strong affinities with the Victorian enthusiasms for national monuments and for public expositions. For example, one of the first historic house museums in North America, restored in 1860, was the revolutionary headquarters of George Washington. It was displayed primarily as a shrine and monument commemorating the country's first president and the birth of the nation. The architecture of the building was identified with the larger role of developing pride in a national heritage and a national identity.

The fostering of national identities through the exploration of distinct cultural histories was also given full reign at the international expositions.[3] The Swedish exhibit of folk-crafts for the Philadelphia Exposition of 1878 formed the nucleus for the Skansen collection – the first European open-air museum of vernacular buildings. For the Paris Exposition, Charles Garnier had designed and built an eclectic series of 23 full-scale buildings which demonstrated the national vernacular architecture of foreign lands. The scenographic and artificial qualities of the exhibits in the expositions were carried back to museums, both as ethnographic displays and as period rooms. In 1908, the Essex Institute in Salem reassembled portions of several buildings, including the porch from Nathaniel Hawthorne's House of Seven Gables, to form the first historic house in North America. Costumed hosts would guide the visitor, and random articles, like letters and gloves, would be placed to give the appearance that the historic host had just momentarily stepped out.

These scenographic displays could be built of predominantly non-historic material to represent historic settings. They have been built as miniatures and doll-houses, as historic forts and native villages – all interpreting history in museological settings. Even if the artifact was not authentic, the presentation could be.

To create an exhibition tableau with an existing historic structure it was essential to play down or to remove inconsistent or irrelevant narrative elements. When Fort York in Toronto was restored as a national historic site in the 1920s it was interpreted as a military commemoration of the War of 1812, and at least one substantial building from the 1830s was demolished as part of the restoration. For the creation of historic Williamsburg, also in the 1920s, 82 buildings were restored and 375 buildings were reconstructed, but 616 buildings were demolished as inconsistent with the intended interpretation of the site.[4] These demolitions were argued on the grounds that the intended interpretation – the canonic interpretation – was monumental and based on a complete understanding of the historical significance of the property. Restoring the sites to their authentic appearance was strongly linked to the interpretation being presented, and the restorations, by removing inconsistent features, limited the potential for later alternative interpretations.

At the Chiefswood Museum, the home of the First Nations poet Pauline Johnson, the whole kitchen wing was removed during a 1960s restoration because the wing did not appear original and detracted from the recognized and accepted Victorian tableau being presented. At the Grange, at the Art Gallery of Ontario, a reconstructed circular stair was selected as more appropriate – and therefore more authentic – to the period of restoration than the stair, which had been in the building prior to restoration. While current standards for object and heritage building conservation would now question these changes to historic buildings, the insistence that a believable scenographic tableau be presented made the changes essential.

This problem inherent in restoration had been identified in the last century by William Morris, who coincidentally was not only a seminal figure in the Arts and Crafts movement but also the founder of the Society for the Protection of Ancient Buildings. Morris's intent in both endeavours was to provide a vital opposition to the rampant industrialization of Britain during the nineteenth century. For Morris, the traditional crafts represented a kinder, gentler time before industrialization, and historic monuments, as remnants of that time, were a sacred trust to be passed from generation to generation – to be protected from the ravages of the present day.

Morris distinguished between two opposing views for building conservation – Scrape and Anti-Scrape. Morris's architectural opposition were the Scrapers who, as architectural restorers specializing in the Gothic, stripped all later alterations and accretions from buildings in an attempt to recreate their original appearance, often creating a highly conjectural reconstruction at best.

Morris's argument about scrape and anti-scrape is still very relevant, but our attitudes to the conservation of historic buildings have changed since the founding of Morris's Society for the Protection of Ancient Buildings in 1877. Morris objected primarily to the Scraper's assumption that they could restore ancient monuments accurately. We continue to question authenticity in restoration but now also question the loss of the material removed and the potential value of later architectural additions.

Before

Pauline Johnson House (Chiefswood)
Six Nations, Oshweken, Ontario

Chiefswood before the 1960s restoration, showing the kitchen wing.

After

Chiefswood after the 1960s restoration, showing the kitchen wing removed.

Since Morris's time there has been an on-going reevaluation of what constitutes heritage in the built environment. In 1919, the Church of England was still able to consider the demolition of churches by Sir Christopher Wren, Hawksmoor and others as buildings that were simply obsolete, redundant, and non-historic. Yet in 1937, after the demolition of the Adelphi Terraces in London, the Georgian Society was founded to usher in Georgian architecture as part of an architectural history worthy of preserving and it was followed in 1958 by the Victorian Society.[5] When Eric Arthur wrote his architectural history of the city of Toronto, *Toronto, No Mean City*,[6] in 1964, he significantly ends the book at 1900 because for Mr. Arthur the turn-of-the-century represented a convenient cut-off date to divide the potentially historic from the present day.

This rapid approach of the historic on the heels of the modern continues with Art Deco societies, industrial archaeology and historical engineering societies. There is currently a working group of architects and conservationists called *docomomo*, which promotes the documentation and conservation of modern architecture itself. This evolution of architectural conservation movements reinforces Bonta's model for non-static cultural interpretations and suggests that each generation will create their own new, rich and layered canonic interpretations for existing buildings.

The relativity of this model – that almost any building might have an appreciable historical value, at some time, to someone – can cause disorientation. Most legislation covering heritage designations tends to promote an objective, non-relativist position for understanding heritage value. According to designation descriptions, the heritage significance of a building can be clearly and definitely stated, and if the building is a museum building, it will be interpreted and conserved according to that assessment. Examined in contemporary philosophical terms however, such an objective and non-relativist view of history is difficult to justify and at best can be seen only as a preferred narrative.

Lewis Mumford in his essay *The Death of the Monument*, published in 1937, had argued that the rupture between what came before, as the historic, and what exists now as the modern had been so severe that the two could not co-exist. He argued that whatever remains of the historic fabric of cities should be set aside to allow the modern to develop unhindered.

> "If the city is to escape being a museum, what belongs to the past must either be put into a museum or be transformed as a whole into a museum – set aside; put to the special uses of education, but no longer lived in."[7]

Since Mumford wrote this statement, we have found that what belongs to the past commingles with the modern. The sharp division that Mumford had anticipated has occurred in the sense that we now consider the past as irretrievable – what David Lowenthal meant when he said "the past is a foreign country".[8] But the past has not disappeared from our built environment and, thanks to the continued strength of Morris's antiscrape arguments, a gentler conservatorial rather than restoration approach to buildings is increasingly accepted and now more broadly applied to a wider range of buildings.

In recognizing that cultural meaning is distinct from form, our interpretations of history develop a sense of the pragmatic contingent irony of modernism. Buildings, as artifacts, remain mute in themselves and our present interpretations are only part of many possible meanings. History is solid no more and a monument where a true history resides has been replaced by Frederich Nietzsche's statement that the "truth is a mobile army of metaphors." Cultural values within our built environment are not static, even or especially when they are applied to our perceptions of the conjunction between history and the arts. It is now time to question the understanding of history that is presented through architectural restoration, and for museums to go beyond established canons in order to create new metaphors and to explore the ever expanding potential for cultural interpretations.

Notes

1 Juan Pablo Bonta, *Architecture and its interpretation, a study of expressive systems in architecture*; (New York: Rizzoli, 1979) 131.

2 *Ibid*, 138.

3 Edward Kaufman, "The Architectural Museum from World's Fair to Restoration Village" *assemblage A Critical Journal of Architecture and Design Culture*; volume 9 (MIT Press) 21.

4 *Ibid*; 33.

5 David Watkin, *The Rise of Architectural History* (Chicago: University of Chicago Press 1980) 123.

6 Eric Arthur, *Toronto, No Mean City*; (Toronto: University of Toronto Press 1974).

7 Quoted in George Baird, *The Space of Appearance*, (Cambridge: MIT Press 1995) 137.

8 David Lowenthal, *The Past is a Foreign Country*; (Cambridge University Press 1985).

Jean-Pierre Chupin

Réelles présences des artisanats du sens

Real Presences in Meaningful Crafts

Is it possible to ignore the issue of meaning when we reflect on the common ground uniting contemporary crafts, architecture and decorative arts? Can we avoid this common concern of the post-modern world? Obviously not, but as soon as meaning is brought up, it becomes legitimate to question our real ability to produce meaning. In the teaching of crafts, design and architecture, we can ask whether it would not be preferable to speak of *making meaning* (just like making bread or making a pun), rather than *creating meaning* or worse *giving meaning*, which are the two sides of the same demiurgic illusion. Can we really create meaning as if it was a creation out of nothing, or give meaning just like we give a blessing or a candy?

Even if we admit that design operations may involve behaviours common to crafts and architecture, it is nevertheless impossible to speak purely and simply of "designing meaning." For a designer, making meaning would rather be an act of acknowledgement. To acknowledge both the alterity and the fact that the ingredients of meaning exist prior to any design. This acknowledgement goes hand in hand with recognizing the importance of the hand for the design process. It highlights patient crafting as a moulding process that operates a design within the matter itself. Unlike the striving for virtuality that characterizes conceptual creations, making meaning would be like achieving a new convergence between "techne" and "poiesis," by drawing on the very imperfection and lack of purity of daily life.

The alternative developed by George Steiner in his famous work entitled: *Real Presences: Is there anything in what we say?*, provides us with serious trails that could lead us out of contemporary dead-ends. Published in 1989, Steiner's work demonstrates with a remarkable artistic culture that it is impossible to logically refute a poetic affirmation. In other words, no scientific interpretation could ever reduce the artistic experience of meaning. In order to have bearing on a work, the interpretation must in itself strive for the status of a full-fledged work.

In a personal understanding of what could very well become a new meaningful dialogue between crafts and architecture, I would say that the design strategy proposed by Penelope Kokkinos seems to be quite compatible with the brave humility rediscovered (willingly or not) by some of our best contemporary architects. By designing artifacts that accompany in a somewhat compassionate – and mischievous – way our weariness of living, there may be an opportunity of reintroducing the mythical strength of untamed thought into the most ordinary domesticity. If one were to side with George Steiner, I would say that the new craft designs – because they continue to be created through the hand's power of understanding – can, more than most contemporary artistic actions, lead to transcendent flashes in areas which, at first glance, appear to be exclusively tangible. But this tangible aspect has the unique advantage of accompanying our daily life.

Lorsque l'on s'interroge sur les points communs entre les métiers d'art contemporains, l'architecture et les arts décoratifs, peut-on éviter la question du sens? Peut-on contourner ce lieu commun de la condition post-moderne?[1] Ce faisant, dès que l'on parle de signification, n'est-il pas légitime de s'interroger sur notre véritable pouvoir à produire de la signification. Ainsi, dans l'enseignement des métiers d'art, du design et de l'architecture, on se peut se demander s'il ne serait pas préférable d'employer l'expression *faire du sens* (comme l'on dit faire du pain ou faire un jeu de mot), plutôt que l'expression *créer du sens* où pire *donner un sens* qui sont les deux versions de la même illusion démiurgique. Peut-on encore parler de créer le sens comme l'on crée ex-nihilo et peut-on parler de donner du sens comme l'on donne une bénédiction ou une sucrerie?

En admettant que les opérations de conception puissent correspondre à des comportements communs aux métiers d'art et à l'architecture, on ne peut pourtant parler purement et simplement de « concevoir du sens ». Faire du sens pour un concepteur s'apparenterait plutôt à un acte de reconnaissance. À la fois re-connaître l'altérité, et reconnaître que les ingrédients de la signification existent avant toute conception. Cette reconnaissance va de pair avec celle de l'importance de la main dans le processus de conception.

Elle valorise cette patiente fabrication, au sens artisanal du terme, au sens d'un façonnage qui opère une conception à même la matière. Contrairement à l'ambition de virtualité des créations dites « conceptuelles », faire du sens ce serait ainsi faire converger à nouveau *technè et poiesis* en partant justement de l'imperfection et de l'impureté d'un vécu quotidien.[2]

Il me semble donc tout à fait constructif et significatif que la plupart des intervenants de ce colloque aient abordé la question de la signification en partant de leur engagement quotidien. Il est également manifeste que chacune de ces interventions laisse transparaître la constitution d'un point de vue éthique vis à vis de la *différence*. On peut distinguer tour à tour le point de vue de l'enseignant, le point de vue de l'artisan, le point de vue du designer professionnel, le point de vue de l'architecte :

- le quotidien de l'enseignant et du critique, c'est aussi de construire son discours dans la diversité des discours spécialisés. Il peut s'agir par exemple de faire accepter la différence en limitant les effets de l'autoritarisme académique.
- le quotidien du designer industriel c'est aussi de s'adresser à la diversité culturelle. Cette fois il s'agit au contraire de militer en faveur du respect de la différence dans une méfiance envers les modes d'homogénéisation.
- le quotidien de l'artisan contemporain, et pas seulement celui de l'artiste, c'est aussi de canaliser certaines de ses aspirations existentielles les plus profondes, en repoussant toujours plus loin les frontières de l'intolérance et donc celles de l'autocensure. Dans le cas du travail de Penelope Kokkinos il est clair que le point de vue éthique sous-jacent c'est de faire accepter sa propre différence en ménageant les transitions.
- quand au quotidien du professionnel de l'aménagement des édifices historiques, c'est aussi d'aménager l'espace du projet dans les enjeux culturels, de projets en projets, de points de vue en points de vue. On verra comment chez un architecte comme Michael McClelland le respect de la différence passe cette fois par une cohabitation (ou une négociation) des emblèmes.

Partant de cela quel est donc l'intérêt de poser la question du sens en la centrant sur les pratiques artisanales, plutôt que sur les pratiques artistiques, ou sur les pratiques scientifiques; à une époque où c'est la possibilité même de faire sens qui est en question : et précisément au nom de la différence avec ou sans « a » ? Comment échapper au cercle vicieux du relativisme : à ce bouclage qui va du respect de la différence à la négation de toute différence?[3]

L'alternative développée par George Steiner dans son célèbre ouvrage intitulé : *Real Presences : Is there anything in what we say?* nous offre de sérieuses pistes pour sortir des impasses contemporaines.[4] Publié en 1989, et traduit dès

1991 sous le titre *Réelles présences* mais avec un sous-titre très différent (et très contestable) : *Les arts du sens*, l'essai de Steiner démontre avec une remarquable culture artistique qu'il est impossible d'infirmer logiquement une proposition poétique. En d'autres termes, aucune interprétation scientifique ne pourra jamais réduire l'expérience artistique du sens. Pour atteindre l'oeuvre, l'interprétation doit elle-même aspirer au statut d'une oeuvre à part entière. Cet ouvrage qui entreprend de réagir à ce qui semblait le coup de grâce du nihilisme post-nietzschéen, sous l'emblème un peu trop explicite de « déconstruction », engage la contre-offensive sur ce terrain de prédilection du relativisme qu'est le jeu et plus précisément *le pari*. Cependant Steiner ne nous convie pas à n'importe quelle activité ludique simplement distrayante. Il nous convie à prendre des risques. Steiner nous invite a faire le double pari du sens et de la transcendance. D'où cette formidable injonction de Steiner :

> aucun homme ne peut lire pleinement, ne peut répondre de manière responsable à l'esthétique, si « sa chair et ses fibres » sont à l'aise dans la rationalité sceptique, se sentent bien dans l'immanence et la vérification

et d'où cette conclusion en forme de principe méthodologique :

> Nous devons lire *comme si*.[5]

Je ne sais pour quelle raison la traduction française n'a pas repris la question du sous titre anglais car sa formulation me paraît tout simplement incontournable en cette fin de siècle :

> Is there anything *in* what we say ? Y-a-t-il quelque chose *dans* ce que nous disons ?

Reprenant à mon compte ce questionnement, je voudrais proposer deux façons d'aborder cette problématique en l'illustrant par une opposition radicale d'une part et d'autre part une opposition plus nuancée.

S'agissant de l'opposition radicale on pourrait tout d'abord confronter les lectures multiples aux lectures singulières.

Pour certains critiques il convient d'accepter les lectures multiples. Non seulement il y a quelque chose dans ce que disent les objets d'artisanat, mais ce quelque chose n'est pas réductible ni même accessible à un seul mode de lecture. L'artisanat contemporain ne doit pas s'épuiser dans une course à la légitimité, comme s'il était sous le coup d'une injonction à s'expliciter. L'artisanat ne devrait pas attendre de reconnaissance autre que celle qui lui permet justement d'exister dans un superbe *non lieu*. En langage judiciaire, il y a non lieu quand il n'y a pas lieu de continuer les poursuites. Si légitimité il y a encore dans la pratique artisanale, celle-ci ne viendra que de la façon dont les artisans sauront assumer leur liberté au quotidien, et plus encore leur « humanisme » au sens d'une bienveillance, d'une compassion. D'où cette formule qui rejoint la position de George Steiner : le critique ne peut comprendre l'artisan que s'il accepte de ne pas chercher à restreindre l'insaisissable. On peut apprécier la formule tout en se demandant si le fait de revendiquer les lectures multiples – ce qui simplifie effectivement la vie du critique – n'est pas une forme de dévalorisation de la critique. En renonçant à prendre position, en évitant de l'aider à choisir et donc à constituer une interprétation – un jugement éthique – le critique/enseignant ne risque-t-il pas d'abandonner le futur artisan à ces mêmes impasses et à ces compromissions qu'il dénonce chez l'artiste ?

– A la question « Y-a-t-il quelque chose *dans* ce que nous disons ? » ne risque-t-on pas de répondre en cultivant l'insatisfaction : il n'y a jamais assez de choses dans ce que nous lisons !

Le point de vue diamétralement opposé à celui que l'on vient d'expliciter considère que le problème de la signification s'inscrit d'abord et avant tout dans les impératifs dictés par les échanges entre les cultures marchandes. Le designer, par exemple, s'adresse de façon très pragmatique à ces nouvelles collusions/collisions culturelles entre l'est et l'ouest. Des rencontres inédites dans lesquelles les produits du design transitent plus rapidement que les mentalités ; avec les dissociations sémantiques que cela peut engendrer. Le risque encouru concerne ce que l'on pourrait appeler les significations impertinentes. Dans la perspective d'une sémantique des produits, il faut assurer une transmission élémentaire, un minimum sémantique vital. On pourra toutefois se demander comment le designer parvient à *doser le sens*, alors même qu'un des seuls consensus, entre l'anthropologie culturelle et l'herméneutique, repose sur le fait que le sens est toujours en surcroît : le sens excède la somme des lectures, le signifié excède le signifiant.

– A la question « Y-a-t-il quelque chose *dans* ce que nous disons ? » ne risque-t-on pas cette fois de répondre : il est préférable que l'objet ne dise clairement et distinctement que ce qu'il doit dire.

À cette opposition presque caricaturale on peut adjoindre une bi-polarité plus nuancée. Pour en rendre compte je me réfère de façon explicite aux approches de Penelope Kokkinos et de Michael McClelland, respectivement artisan et architecte.

Ainsi, dans ses objets transitoires, transitionnels, transgressifs, Penelope Kokkinos revendique quant à elle la possibilité de combiner l'apparente modestie d'un travail artisanal, à la force d'un engagement personnel. L'artisanat contemporain devient ainsi une véritable alternative dynamisante, et signifiante, dans des environnements quotidiens statiques, et appesantis

Mimi Cabri
Untitled snapshot,
Photo: Courtesy of the artist
c. 1996

Jill Morton
Untitled snapshot
Photo: Courtesy of the artist
c. 1970

par les conventions et les normes. Penelope Kokkinos conçoit des objets en droite ligne de cette *inquiétante étrangeté* chère à la psychanalyse freudienne. Toutefois les objets d'artisanat ne sont pas conçus comme des actes de terrorisme artistique (sorte de néo-dadaisme répétitif caractéristique de l'encanaillement systématique de l'art moderne), ce sont plutôt des clins d'oeil, des regards furtifs sur la différence. Pour faire allusion à cet ouvrage de Michel de Certeau, auquel elle se réfère implicitement, je dirais que ses objets transitionnels s'inscrivent dans le processus de résistance caractéristique de la foule des petites *inventions du quotidien*, dans ce que de Certeau appelait *les arts de faire*.[6] Il y a du subliminal dans l'objet quotidien.

– A la question « Y-a-t-il quelque chose *dans* ce que nous disons? » Penelope Kokkinos ne risque-t-elle pas de répondre : il y a quelque chose qui va vous déranger dans ce que nous disons, cependant n'y prenez pas trop garde, laissez-vous faire.

Par opposition, le travail de Michael McClelland part du principe qu'il convient d'assumer cette responsabilité, qui incombe à chaque génération, de produire ses propres objets de référence en les instituant dans une convergence des interprétations. Loin de succomber au conflit des interprétations, il est selon lui possible de faire du sens en construisant la cité des objets dans un collage et une juxtaposition d'autant de canons historiques qu'une société juge nécessaire. Cependant peut-on encore appeler « canonique » une interprétation qui présuppose autant l'instabilité du sens?

– A la question « Y-a-t-il quelque chose *dans* ce que nous disons? » Michael McClelland ne risque-t-il pas de répondre : il y a ce qu'une génération donnée accepte de poser en référence provisoire à sa propre situation historique.

De mon fragile point de vue d'architecte et d'enseignant – longtemps partagé entre une école d'architecture et un département de design – quand j'entends les uns revendiquer une sorte de non lieu disciplinaire pour l'artisanat contemporain, je me dis que cette crise de la légitimité est pour le moins un superbe point commun entre le design, l'artisanat et l'architecture. Un autre point commun, sans doute moins ironique, réside dans un enseignement de la conception, et en particulier dans le développement d'une capacité à penser non pas logiquement mais analogiquement. La mise en relation analogique, longtemps suspectée par l'épistémologie et l'esthétique positiviste, se révèle aujourd'hui comme l'un des grands processus cognitifs dans lequel les rapport entre la conception, l'interprétation, et la signification sont aussi précisément dépendants d'une spatialisation de la mémoire. Or nos disciplines, et nos métiers, sont les héritières et les héritiers d'un art de la mémoire. La pensée analogique participe à la fabrication du sens selon de multiples façons. À la suite de Philibert Secrétan je dirais que ce mouvement de façonnage cognitif qu'est l'analogie – cet artisanat du sens – est le fruit d'une oscillation constitutive entre la ressemblance qu'elle signifie et la dissemblance qu'elle enjambe sans toutefois la réduire. Ce dialogue entre la différence et la ressemblance peut être qualifié de diverses manières selon les situations et les contextes. En épistémologie on parlera par exemple du dialogue entre identité et altérité, tandis que dans une compréhension métabolique du corps au quotidien on parlera du rapport entre anabolisme et catabolisme. Dans une anthropologie culturelle de l'analogie on évoquera plutôt le rapport entre institution et restitution. De ce rapport fondamental à l'altérité – trop souvent négligé dans les acceptions communes de l'analogie – on peut tirer une définition spécifiquement sémantique de l'analogie dans un espace intermédiaire entre l'univoque et l'équivoque :

> (c'est-à-dire) entre la fixation d'un terme sur une et une seule signification, ou au contraire sa dispersion dans un divers de significations sans rapport les unes avec les autres.[7]

L'analogie affectionne les sauts qualitatifs. On remarquera par exemple que l'oscillation entre *fixation* et *dispersion* est une activité proprement analogue aux fonctions métaboliques de l'anabolisme et du catabolisme (du solve et du coagula de toutes les alchimies). Et qui osera contester que ce sont deux manières que nous utilisons quotidiennement pour nous constituer ; en faisant du sens dans nos relations à l'altérité sous toutes ces formes (nutritive, cognitive, artistique, sexuelle,...) ?

Si j'avais donc à situer la diversité des interventions qui ont participé à la richesse de ce colloque sur les points communs entre les métiers d'art contemporain, l'architecture et les arts décoratifs je choisirais de les localiser sur une sorte « d'échelle polaire ». Celle-ci révélerait la façon dont elles mettent en tension leur rapport à l'univocité d'un côté, et à l'équivocité de l'autre.

On aurait donc d'une part :

– les positions qui se situent clairement à l'opposé l'une de l'autre, non pas de façon pragmatique, mais bien dans les présupposés éthiques. Entre ceux qui désirent protéger l'insaisissable par le multiple, au risque de pratiquer l'équivocité et ceux qui prônent le contraire, en appelant à limiter les ambiguïtés – les malentendus – au profit d'un objectif communicationnel.

– quelque part entre ces deux extrêmes, je situerais volontiers ces nouveaux livres ouverts que sont les immeubles historiques de Michael McClelland, qui par définition ne peuvent pas être fermés aux interprétations équivoques bien qu'ils cherchent surtout à symboliser l'univocité d'une certaine interprétation canonique. Sa position n'est pas exempte de contradictions. Je songe par exemple au caractère transitoire de toute interprétation canonique, ou au postulat, fort constestable, d'une séparation entre la forme et le contenu : un postulat qui ouvre la porte à l'éclatement des lectures.

Finalement, en proposant une compréhension personnelle de ce qui pourrait bien être un nouveau dialogue signifiant entre l'artisanat et l'architecture, je dirais que la stratégie de conception proposée par Pénélope Kokkinos me paraît aujourd'hui fort compatible avec la courageuse humilité retrouvée (peut-être de force) par certains de nos meilleurs architectes contemporains. En concevant des artefacts qui accompagnent avec une certaine compassion – et non sans malice – notre mal de vivre, il y a peut-être là une possibilité de réintroduire la force mythique de la pensée sauvage dans la domesticité la plus banale. S'il faut faire un pari avec George Steiner, je dirais que les nouvelles conceptions artisanales – parce qu'elles sont encore conçues par le pouvoir de compréhension de la main – peuvent, plus encore que la plupart des interventions artistiques contemporaines, faire apparaître des éclairs de transcendance, là où il ne semble y avoir à prime d'abord que du tangible. Mais ce tangible a ceci de particulier qu'il accompagne notre quotidien.

Au jeu des sous-titres, je proposerais donc volontiers au traducteur de l'ouvrage de Georges Steiner, que les prochaines rééditions s'intitulent : *Réelles présences : les artisanats du sens*.

Notes

1 Voir le thème du colloque précédent qui portait précisément sur cette question cruciale et incontournable : *Making and Metaphor: A discussion of Meaning in Contemporary Craft*, edited by Gloria A. Hickey (Ottawa: Canadian Museum of Civilisation 1994).

2 Sur la délicate question de la permanence au coeur de la conception architecturale d'un dialogue entre *technè* et *poiesis* on renverra ici aux éclairages fournis par Dalibor Vesely lors du colloque au Centre Canadien d'Architecture à Montréal en 1991. Ce texte intitulé « Architecture and the Question of Technology » pour faire écho au célèbre texte de Martin Heidegger est publié dans : *Architecture Ethics and Technology*, sous la direction de Louise Pelletier et Alberto Pérez-Gomez (Montréal : McGill-Queen's University Press 1994). pp. 28-49. Voir en particulier les pages 32 et 33. Comme nous le répète inlassablement Heidegger dans « La question de la technique » : « Autrefois la technique n'était pas seule à porter le nom de **technè**. Autrefois **technè** désignait aussi ce dévoilement qui pro-duit la vérité dans l'éclat de ce qui paraît. Autrefois **technè** désignait aussi la pro-duction du vrai dans le beau. La poiesis des beaux-arts s'appelait aussi technè ». Martin Heidegger, « La question de la technique » in *Essais et conférences*. (Paris : Gallimard, 1986. pp. 9-48) p. 46.

3 Sur la question du rôle d'une philosophie de la différence, des dissidences et des répétitions différantes, voir l'ouvrage de Christian Ruby, *Les archipels de la différence (Foucault – Derrida – Deleuze – Lyotard)*, (Paris : Éditions du Félin 1989).

4 *Steiner*, George. *Réelles présences (Les arts du sens)*. (Paris : Gallimard 1991).

5 *Ibid*. p. 272.

6 Michel de Certeau, *L'invention du quotidien, 1 – arts de faire*. (Paris: Gallimard 1990).

7 Philibert Secretan. *L'analogie*. Presses (Paris : Universitaires de France 1984) p. 8.

Museums and the Future of Craft, Decorative Art, and Design

Stephen Inglis

Museums and the Future of Craft, Decorative Art and Design

Les musées et l'avenir des métiers d'art, des arts décoratifs et du design

Introduction

Loin d'être les havres paisibles de contemplation que l'on imagine parfois, les musées sont devenus des « zones de contestation », théâtre de négociations entre les administrateurs, les érudits, les politiciens, les artistes et les collectivités. Par leurs choix et leurs méthodes de programmation, les musées communiquent des valeurs à la population. Ils se retrouvent donc souvent au coeur des controverses culturelles postmodernes et postcoloniales.

La transformation des relations entre les musées et leur environnement touche trois domaines qui ont une incidence sur les métiers d'art contemporains. Des études récentes réalisées à l'aide de méthodes de terrain anthropologiques ont confirmé que les musées sont souvent déphasés par rapport à leurs visiteurs. Ces derniers ne constatent pas ce qui nous paraît évident et opèrent généralement une reconfiguration du champ d'hypothèses culturelles sur lequel repose notre notion du musée. Dans cette perspective, comment convient-il de présenter l'objet artisanal à l'intérieur du musée?

Le deuxième domaine est celui des relations du musée avec les bailleurs de fonds, les mécènes, les artistes et les clients. Les musées acquièrent rapidement de nouvelles clientèles et doivent souvent répondre à des demandes et à des besoins nouveaux. On en voudra pour exemple la redistribution d'une partie des collections matérielles et intellectuelles du MCC aux premières nations. Sur le plan politique, financier ou éthique, il n'est plus possible de perpétuer les principes d'acquisition et de classification qui ont présidé au développement des musées.

Le troisième domaine est celui des communications entre les musées et les autres institutions culturelles. Les communications électroniques offrent un moyen plus efficace que jamais de rompre l'isolement des collections, des archives et des recherches entourant les métiers d'art.

La transformation des relations des musées avec le public, les clients et les autres musées favorise une réévaluation de la tradition artisanale d'hier et d'aujourd'hui.

Introduction

I suspected that my career might be in trouble when Arthur Black of CBC radio's "Basic Black" called me – of all museum people in Canada – to talk with him about "Museum Fatigue," that special institutional narcolepsy for which museums are well known. Was his call based on one of my exhibits? Recently, I've read that British public health officials now consider museums in that country to be "dangerous," because of the number of visitors that pass out or get shin splints negotiating the long hallways and endless galleries. In response, some museums were reported to be introducing pre-visit "workouts" and "survival packs" of snacks and first aid for visitors, prior to their perilous venture into the exhibits.

Although museums can be tiring indeed, they can also be "dangerous" because of the social role they play. Far from the tranquil pools of contemplation which many people imagine, museums have become "zones of contestation," sites of negotiation among administrators, scholars, politicians, artists and communities. Museums are often at the heart of post-modern and post-colonial cultural issues. Recent writing, particularly by successors to Michel Foucault, has helped clarify how museums have been part and parcel of successive modes of understanding for the past 500 years.

So, none of this is new. However, forms of museum representation are not always apparent, but rather subtle or implied. As Susan Vogel writes, "The museum communicates values in the types of programs it chooses to present, in the audiences it addresses, in the size of staff departments and the emphasis they are given, in the selection of objects for acquisition, and more concretely in the location of displays in the buildings and the subtlties of lighting and label copy. None of these things is neutral. None is overt. All tell the audience what to think beyond what the museum ostensibly is teaching."[1]

All of the authors in this section face these facts with the work they do. Rather than address each essay separately, I will briefly identify three areas of noteworthy movement and change in the flow of museum communication.

The first is communication with the public. After years and years of inconclusive visitor surveys, some recent studies using anthropological field methods have confirmed that museums and visitors are often out of step with one another. As Grant McCracken now suspects, the visitor often "cannot see what we believe to be obvious, insists on what we believe to be irrelevant, conjoins what we believe to be distinct, distinguishes what we believe to be indistinguishable and otherwise totally reconfigures the field of cultural assumptions according to which our notion of the museum is constituted."[2] In a delightful and meaningful series of participant observations, he identifies several levels of physical disengagement with the messages: from "a forward floating motion" to "hydroplaning across the surface of the exhibit."

This alerts us to issues not only of inclusion of crafts in museums but the messages and information the public need to appreciate them. Into which context can this material be placed, which site or space? If we embrace the dialogue of integration – crafts with architecture, crafts with everyday life – then how does this work survive the museum experience of juxtaposition or disintegration? Part of the meaning of all objects is their fate: what is their fate in a museum?

The second area of museum communication of note here is with funders, patrons, artists and clients. This is a complex network of relationships, but it can be said that museums are quickly developing new constituencies and are, in many cases, subject to new demands and needs. At the Canadian Museum of Civilization, we are redefining ourselves in relation to our clients. The secure mandate of unquestioned collection, classification, interpretation, preservation and education by a core of predictably trained full-time museum professionals is seriously challenged.

One example is the redistribution of our collections, both material and intellectual, to First Peoples. We are currently involved in dozens of separate negotiations. Some are driven by the comprehensive claims process and involving several levels of government. But many are driven by the realization that the acquisitive and classificatory foundations, on which museums were built, can no longer be maintained – politically, financially or ethically. I'm not suggesting that all museums are facing this challenge. The Canadian Museum of Civilization after all, holds the bones of people's ancestors as well as their works of art. But will museums continue to collect as they always have, and what is the implication for the crafts? What partnerships and other new relationships are possible?

The third area of communication is that between museums and among similar cultural institutions. A Mexican president once lamented the location of his country, "so far from God and so close to the USA" yet now we move through electronic communication closer to almost everywhere. This has profound implications for museums in that "collections" of information (images, text and video for example) can now be compared, superimposed and "built up." The isolation of craft collections, archives and research can now be addressed more effectively than ever before.

The changes that are taking place in museums, changes in relationship to the public, to clients and to other museums all favor reassessment of the craft tradition past and present. Perhaps at the Musée des beaux-arts de Montréal, this will focus on the role of crafts in articulating social relations, at the Art Gallery of Greater Victoria and the Musée du Québec in articulating regional identity and at the Canadian Museum of Civilization in articulating cultural history.

Craftsmanship is integral to the collections and meanings of all these institutions. There could hardly be a better example of this than the material in a current CMC exhibition, "Lost Visions, Forgotten Dreams," the art of the paleo-eskimo (pre-Inuit) people, where every finely crafted tool and weapon has a magical and spiritual analogue, miniaturized, transposed and transformed by the maker into a work of interpretation beyond its mundane function. The notion that all fine craftsmanship engages in ideas and imagination and that no known human society exists or ever has without it suggests a bright future for the current versions of craft in Canadian museums.

Notes

1   Susan Vogel, "Always True to the Object, in Our Fashion" in I. Karp and S. Levine, eds. *Exhibiting Cultures* (Washington: Smithsonian Institution 191-204, 1991) 195.

2   Grant McCracken "Culture and culture at the Royal Ontario Museum: a ghost story" in draft. 1995.

Stephen Inglis

Canadian Museum of Civilization

Le Musée canadien des civilisations

Les origines du musée national de l'histoire humaine remontent à la fondation de la Commission géologique du Canada en 1842. Ce n'est toutefois qu'en 1982 que l'on a annoncé la construction du premier immeuble conçu spécifiquement pour le Musée au Parc Laurier, à Hull (Québec), en bordure de la rivière des Outaouais face à la colline parlementaire.

Le Musée compte trente-cinq chercheurs scientifiques spécialisés en archéologie, en ethnologie, en histoire et en folklore, qui participent tous à d'importants projets d'un bout à l'autre du pays.

Depuis dix ans, le Musée a fortement développé sa collection d'artefacts et de données sur les métiers d'art anciens ou contemporains. Stimulée par des dons importants d'institutions et de particuliers, la section des métiers d'art a, depuis 1985, accueilli trois grandes expositions itinérantes, fait paraître une série de publications, conclu des ententes d'acquisition en commun et constitué une collection permanente de plus de 2 000 objets.

Contrairement à bien des galeries ou musées canadiens, nous n'avons pas de salles réservées à l'exposition des oeuvres artisanales classées par technique, par région ou par tradition. Le MCC a toujours voulu intégrer les métiers d'art contemporains à ses collections et à ses programmes généraux. De fait, les millions d'artefacts de nos collections sont en quasi-totalité l'oeuvre des artisans adroits du passé, de toutes les époques et de tous les coins du monde. En procurant un aperçu des traditions artisanales, le Musée peut devenir un lieu où le passé donne vie au présent. De même, au moyen d'une programmation en direct et de la documentation des techniques de production et des utilisations des objets, les artisans d'aujourd'hui peuvent donner vie au passé.

Canada's national museum of human history traces its own history back to the establishment of the Geological Survey of Canada in 1842. But it was only in 1982 that plans were announced for the first building to be custom-designed for the Museum, at Parc Laurier, directly across the Ottawa River from the Parliament Hill in Hull, Quebec. The architect, Douglas Cardinal, realized a design that has become, since opening in June, 1989, an inspiration for Museum staff and for visitors from around the world.

In the publicity surrounding the innovative and often controversial popular public role of the Museum's exhibits and programs, the ongoing traditional work of research and collection development has sometimes been overlooked. The Museum maintains a staff of 35 research scientists – working in the fields of archaeology, ethnology, history and folklore – all of whom are involved in important projects throughout the country. Their work is continually enriching the Museum's collections and contributing to exhibitions, publications and teaching both at Parc Laurier and beyond.

One of many areas that has been considerably developed in the last decade is that of the Museum's collection of artifacts and information about contemporary or fine crafts. First stimulated by a series of major donations, the fine crafts program has, since 1985, featured three major touring exhibitions, a series of publications, several ongoing collaborative acquisition agreements and the building of a permanent collection of over 2,000 objects. The Massey Foundation, Canadian Crafts Council, Bronfman Family Foundation and Ontario Crafts Council have all made important contributions to this collection. Many individual donors and other organizations have also come forward to add to these collections.

There are now a number of museums and galleries in Canada whose mandate includes collecting and studying the work of craftspeople. For some, their aspiration has been to set craft apart, by medium, by region or by tradition so that the public will more readily focus on the crafts as a discrete endeavour. At the Canadian Museum of Civilization, on the other hand, there has been an attempt to integrate the contemporary crafts into the general collections and programs.

Virtually all the millions of artifacts in the Museum's collections are in fact the work of skilled craftspeople of the past, from whatever era or locale. The museum can become a place in which, by providing an overview of the traditions of craftsmanship, the past can give life to the present. In a similar way, through live programming and process oriented documentation of technique and use, the present generation of craft skills can give life to the past.

Vase

porcelain

by Harlan House (1989)

(Bronfman Award Collection, CMC)

Photo: Canadian Museum of Civilization

Double swan

ivory paleo-eskimo

(Archaeology Collections, CMC)

Photo: Canadian Museum of Civilization

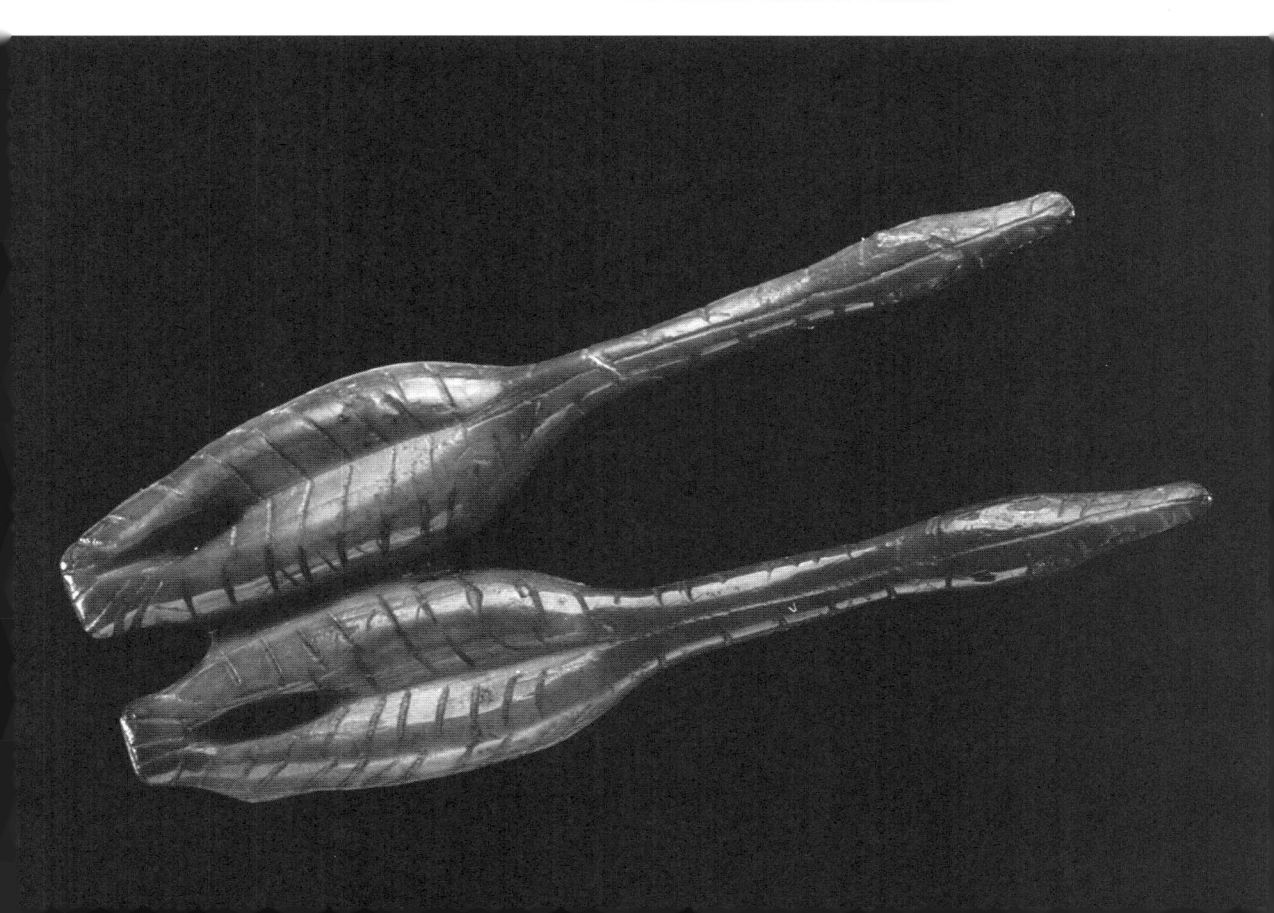

Mayo Graham

The Montreal Museum of Fine Arts – its history of collecting the decorative arts

Historique de la collection des arts décoratifs du Musée des beaux-arts de Montréal

La teneur d'une collection dépend évidemment du collectionneur. Lorsque nous envisageons la collection d'un musée, nous devons donc nous interroger sur l'identité du collectionneur.

Le Musée des beaux-arts de Montréal, première galerie d'art publique du Canada, tire ses origines de l'Art Association of Montreal fondée en 1860. L'Association a inauguré son premier immeuble en 1879; en 1912, elle a ouvert au public le splendide édifice de la rue Sherbrooke (devenu le pavillon Benaiah Gibb du Musée). La collection de l'Association a commencé à prendre forme au cours des années 1880, la section des arts décoratifs s'inspirant fortement des principes de l'école britannique des arts et des métiers d'art de l'époque.

Pendant 46 ans (de 1916 à 1962), l'homme d'affaires et fervent collectionneur d'objets tridimensionnels F. Cleveland Morgan a été l'âme de l'Association et de sa collection d'art décoratif. Officiellement, cette collection devait contribuer à la formation des artisans et des concepteurs locaux engagés dans les métiers de la construction. Cependant, un deuxième objectif, non déclaré, consistait à montrer que les plus beaux spécimens d'art décoratif pouvaient rivaliser avec les oeuvres des peintres et des sculpteurs. Le premier but pouvait être atteint au moyen de collections didactiques classées selon la technique, mais le second exigeait de regrouper les chefs-d'oeuvre selon des critères liés à la culture ou à l'histoire de l'art.

Cette double approche s'est maintenue durant les années 1920 et 1930. Cependant, à partir de 1938, l'histoire de l'art a pris le dessus, comme en font foi les acquisitions, les méthodes de présentation et le nouveau catalogage de la collection des arts décoratifs. En 1947, l'établissement a pris le nom de Montreal Museum of Fine Arts (Musée des beaux-arts de Montréal en 1961), institution vouée à la promotion des arts décoratifs et des beaux-arts.

Au décès de F. Cleveland Morgan en 1962, la collection du Musée comptait 11 480 objets d'art décoratif sur un total de 17 810 oeuvres d'art. Le fil conducteur de la période Morgan demeure visible dans la collection d'art canadien du Musée, sous la forme de meubles, d'argenterie, d'objets de verre et de céramique et de textiles datant pour la plupart du dix-neuvième siècle. Sur cette base, le Musée a constitué sa collection d'art décoratif du vingtième siècle, comprenant de nombreux exemples de meubles et d'objets de céramique caractéristiques du Québec des années 1950 ainsi que des documents d'archives. Le Musée a également acquis des objets de céramique et de verre fabriqués par John Ikeda, Doucet-Saito, Robert Held, Monique Ferron et Robin Hopper durant les années 1970. Les acquisitions les plus récentes comprennent des oeuvres de Rosaline Delisle, Paul Mathieu et Daniel Crichton.

Depuis 1997, le Musée loue des locaux au Musée des arts décoratifs de Montréal. La synergie des deux collections devrait favoriser la sensibilisation du public aux arts décoratifs.

It comes as no surprise when I say that a collection depends upon the collector. But in the same vein, when one thinks about a museum's collection, the question that comes to mind is, "who is the collector?" After a few words to introduce the Montreal Museum of Fine Arts and its history, and a parenthetical comment regarding definitions, I will return to this question.[1]

First the parenthesis on definitions. While many have examined, debated and attempted to define the meaning of "crafts," I propose to be as inclusive as possible when I use the term "decorative arts," to embrace "crafts" both in its late nineteenth century sense and with its contemporary twentieth century connotations.

The Montreal Museum of Fine Arts, Canada's oldest public art gallery, began in 1860 as the Art Association of Montreal, whose stated objectives were to "organize and present art exhibitions and lectures, to establish a library... to offer art and design classes... and to eventually build permanent premises." In 1879 the Association's first building was inaugurated on Phillips Square, then a leafy corner away from the center of the city.

The Council of the AAM comprised wealthy Montreal businessmen and professionals, all volunteering their time to this and other cultural enterprises.

Early in this century, plans were laid to build a grand building on Sherbrooke Street, at the heart of Montreal's well-to-do neighbourhood, "the Square Mile," and in 1912 the beautiful Beaux-Arts building of the Association, known today as the Montreal Museum of Fine Arts' Benaiah Gibb Pavilion, opened to the public.

While the Art Association was not established to be a collecting organization, gifts of artwork were nonetheless offered and accepted. The earliest record of acquisitions dates from 1877, when Benaiah Gibb, a former AAM vice-president, businessman and philanthropist, bequeathed his collection of paintings and bronzes to the Association.

The 1880s, contemporaneous with the Association's third decade and influencing its development, saw the establishment of the Arts and Crafts Exhibition Society in England as well as the founding of the Montreal Decorative Art Society. Several years later the Canadian Handicrafts Guild was established in Montreal. In 1905, architect Percy Nobbs, a member of AAM, first planted the seed of having a collection of fine craft examples at the Art Association "museum." When the decorative arts collection of the AAM really began to take form, it was very much influenced by the philosophy of the English Arts and Crafts Movement.[2]

It was in 1886 that the first decorative art object entered what would be called the Association's "Museum" section – a sculptured serpentine marble column and vase.

By 1914, the AAM had catalogued 217 works of art, through gifts and bequests, of which eight were decorative art objects. The 1909 Learmont bequest, 170 pieces of china and pottery, was not catalogued until 1916. The true beginning of the decorative arts department was in 1916; and it is here that I wish to return to my opening remarks about a collector and a collection.

F. Cleveland Morgan became involved as a driving force of the AAM in 1916. For 46 years, until his death in 1962, F. Cleveland Morgan was at the center of the Museum's collection – building it, shaping it through acquisitions. In 1916, as a 35 year old businessman, recently married and working in the family retail business, he found an outlet for his collecting instincts and interest.

It was Morgan who in 1916 established a department of decorative arts at the AAM. At the time, the fine arts were exhibited in the galleries, and the decorative arts were kept in a separate section called the "Museum."

Ciborium
(1805-1810), silver
(Ramsay Traquair bequest)
Photo: The Montreal Museum
of Fine Arts

Syrian bowl
(1236-1260), engraved brass
(Gift of F. Cleveland Morgan)
Photo: The Montreal Museum
of Fine Arts

Two-tiered buffet
(1938), pine
(Gift of Mabel Molson)
Photo: The Montreal Museum
of Fine Arts

Morgan was the chairman of the "Museum committee," which looked after the collection of decorative arts. It was intended to be a teaching collection for the applied arts: the expressed mandate was to address the educational needs of local crafts and trades people and designers associated with the building trades by assembling good examples of various kinds of objects and presenting them according to medium. This point of view was very much influenced by the English Arts and Crafts Movement, which had many adherents in Montreal.

The aim of the Arts and Crafts Movement in its broadest scope was to improve society by improving the quality of the consumer goods produced by society. Concomitant with this rather utopian view was the aim of improving the lot of the craftspeople by educating them, and by providing them with more meaningful work. Ultimately, the proponents of the Arts and Crafts Movement felt that the improved standards of production would have beneficial effects for society at large, economically, aesthetically and morally.

This kind of thinking lay at the heart of the founding of London's Victoria and Albert Museum (V + A), the first museum of decorative arts established in modern times, in 1852. There, objects from all cultures and periods were collected, classified, researched, published and, most importantly, displayed according to medium in the galleries for the visiting public. Thus, in the Department of Metalwares for example, were works in gold, silver, bronze, copper, etc., that would be of use to metalworkers, be they designers, fine jewellers, locksmiths or engravers. The works were collected so that their shapes and volumes, along with the often complicated techniques used in assembling and embellishing them could be studied by people directly involved with the production of related objects.

While European and North American society was becoming increasingly industrialized in the late nineteenth century, many of the tasks involved in manufacturing consumer goods were still done directly or indirectly by skilled workers. Questions of style and appropriate decoration remained important concerns. Consequently, the most instructive objects were those that represented the designs and techniques of a whole group of related artifacts produced by a culture at a particular moment and could be compared to materially related works from other cultures or periods. The V + A approach greatly influenced what was initially taken up here in Montreal. (In fact, the MMFA still has a large collection of metalwork "teaching aids.")

The other unstated goal that F. Cleveland Morgan had in mind when he started the decorative arts collection was to demonstrate to the general public that fine decorative art objects should be considered on an equal footing with painting and sculpture. This meant showing works that were more than merely typical or representative – works that were unique or superior and manifested the most aesthetically significant aspects of a particular culture or period. These objects are what we frequently refer to today as masterpieces.

This second approach was due in large measure to the growth of art history as a multi-faceted discipline that embraced cultural history, stylistic evolution, connoisseurship, iconography and the study of documents, as well as scientific analysis of the physical aspects of the artifacts themselves.

Objects were to be considered in the framework of the cultures that produced them. In the museum world, this point of view was best expressed by Wilhelm von Bode, the director of the Kaiser Friedrich Museum in Berlin. He pioneered the presentation of objects in many media, arranged chronologically according to culture or national school. This proved to be a more effective means of educating viewers about their cultural history than the single medium type of presentation.

The man who attempted to put von Bode's ideas into practice at the V + A, Casper Purdon-Clarke, resigned as director of that institution to become the director of the Metropolitan Museum of Art in New York from 1905 to 1910, where he was able to implement this philosophy in a North American museum. It was not until after World War II that this cultural and historical approach was accepted at the V + A.

F. Cleveland Morgan was very much aware of these debates and new approaches to presenting collections.

As a member of a Montreal family, whose department store purveyed consumer goods from all over the world to the city's carriage trade, Morgan grew up in a milieu that ensured him extended summer trips to Europe and the Middle East, prep school in England and Switzerland, a Bachelor's degree from Cambridge, and a Master's degree in zoology from McGill. In Morgan's youth, his parents encouraged him to form the kinds of collections that children often do. For many years he was primarily interested in objects of natural history.

As the result of an accident and an infection when he was seven years of age, Morgan went blind in one eye and for a period of about six months lost the sight in his other eye. During this time of "darkness" the young Morgan developed a highly sensitive acuity to the weight, texture, density, temperature, resonance and shape of the many objects in his collection. This sensitivity remained with him throughout his life and combined with his constant curiosity and keen intellect, seems to have precipitated a stronger interest in the decorative arts than in painting.

By the time Morgan became associated with the AAM, he had already started a personal collection in several areas, including contemporary ceramics, but he had a particular interest in Persian and Oriental art. He was acquainted with Sir William Van Horne, with whom he later exchanged Japanese ceramics, and he also knew Charles T. Currelley, the founding curator of the Royal Ontario Museum (1912).

In 1916, when Morgan took the responsibility for the AAM's new decorative arts collection, or "Museum" as it was known, he clearly had every intention of carrying out this double agenda. This can be seen in his early acquisitions of metal-work (a classification copied from the V + A).

In 1916, Morgan bought a collection of over 126 pieces of metalwork: hinges, locks, decorative drawer handles, balcony railings, fireplace equipment and other items made from the fifteenth through nineteenth centuries in France, Spain, and Germany. Ostensibly these would be of use as models for Montreal craftsmen who were supplying decorative metalwares to architects and contractors, at the same time they were of historical interest as examples of metal production from their respective periods.

Later that same year however Morgan also purchased a large brass basin, originally inlaid with silver, that was made for the Sultan of Aleppo and Damascus in the mid-thirteenth century. It is a masterpiece of Islamic metalwork, whose complex iconography alludes to the sophisticated court life of the Sultan for whom it was made. The scale, technical mastery and iconography of this basin clearly placed it beyond the scope of objects useful for the instruction of craftsmen. It was purchased because it was an astounding work of art that Morgan calculated would serve as a catalyst to spur the institution into developing a collection of Islamic Art, which is in fact what happened.

Thus Morgan's two pronged approach served the needs of various types of visitors. The fact that the "Museum" collected works that were typical and representative – and useful to craftspeople – would allay any criticisms that the AAM was elitist and failing in a broad educational mandate. On the other hand, the acquisition of singular, outstanding works helped to reinforce the serious reputation of the institution, while blurring the division between the so-called fine arts of painting, sculpture, and the decorative arts.

This manner of acquiring objects of a more didactic nature at the same time as objects of more art historical significance continued throughout the 1920s and 1930s as the decorative arts collection gradually took shape. The growth of the textile collection especially reflected this attitude. Whole collections were purchased or donated, such as the David W. Parker lace collection which illustrates the history and development of lace making from the sixteenth through nineteenth centuries. At the same time, Morgan was acquiring outstanding ancient Coptic, Islamic and Pre-Columbian textiles that were of little practical use to an industrial collection.[3]

By the late 1930s, there was a gradual shift in the types of artifacts acquired, away from objects of technical interest to objects of more historical and aesthetic importance. By 1938 the decorative arts collection was being re-catalogued, not solely from a material point of view but, where appropriate, from a cultural point of view, and several works of art were transferred from one classification to another.

This re-cataloguing and re-thinking of the decorative arts collection was perhaps made more apparent with the expansion of the Art Association's building in 1938, which created more room to display the "Museum" (decorative arts) collection. This new display was arranged along historical and cultural lines, confirming the shift away from the industrial or material gallery concept. The transformation toward this newer type of installation was completed about 1943. By the time the Art Association of Montreal had hired its first paid Director (1947) and officially changed its name to the Montreal Museum of Fine Arts (1949), the decorative arts collection and the collections of paintings, drawings and sculpture had become more integrated within the scope of the institution's mandate.

And its collection had grown! By 1962, the year F. Cleveland Morgan died, the MMFA's collection included 11,480 decorative art objects (of a total of 17,810 works of art).

A major thread that weaves through the Morgan period, and which is evident in the Museum's collections today, is that of Canadian Art.

In the MMFA's Canadian collection, there are 1,100 works of silver, glass, furniture, ceramics and textiles. The first acquisitions were made in the 1930s and concentrated on early Quebec furniture and silver because of the interest in these pieces shown by such men as F. Cleveland Morgan, Marius Barbeau, Ramsay Traquair, and Jean Palardy. They wished to preserve the works of the early Quebec craftsmen, and the Museum played a critical role in these efforts.

The majority of the Canadian decorative arts collection dates from the nineteenth century. To build on this base, the Museum has been developing its collection of twentieth century decorative arts. In Montreal, early in the century, the Canadian Guild of Crafts (then The Handicrafts Guild) was a major force in promoting handcrafted work. Later the Ecole du Meuble, which was established by Jean-Marie Gauvreau in 1935 as a school for furniture-making and design, became a major centre for training in handcrafted work. In 1945 the Ecole opened a ceramic studio under Pierre-Aimée Normandeau who was largely responsible for the revival of the ceramic art in Quebec after the World War II. Jean Cartier also became a central figure for this renewed interest in ceramics in the province in the 1950s. The Museum has a number of examples of works by these craftsmen connected with the Ecole du Meuble. The Montreal designer Henri Beaulac taught there from 1942 until 1946, and the MMFA has recently acquired his archives and a number of pieces of his furniture created in the 1940s and 1950s.

The MMFA has a very fine collection of Quebec religious and domestic silver dating back to the eighteenth century. An important early bequest came from Ramsay Traquair. And very recently we have acquired 61 pieces in a gift of European and Canadian silver from the Honourable Serge Joyal that includes some fine works from the 1950s, such as a cigar box by Danish silversmith Paul Petersen who settled in Montreal in 1929, and a chalice by Maurice Brault.

In the area of ceramics and glass, the MMFA acquired a number of works in the 1970s by the outstanding artists of the period, for example, John Ikeda, Doucet-Saito, Robert Held, Monique Ferron, and Robin Hopper. The most recent contemporary acquisitions have been *Quadruple 9.89* by Rosaline Delisle, *Vaisselle* by Paul Mathieu, and *Sphére métamorphique, bornite* by Daniel Crichton. The MMFA continues to collect in all areas of decorative art but it is primarily through donations that works are acquired. Thus, while we are proud of our holdings in this area, we are aware that our visibility has been modest.

In May of 1997, the Musée des arts décoratifs de Montréal opened its new doors as MMFA's neighbour-tenant. No doubt the synergy of our two collections (as well as exhibitions) will give rise to increased awareness and appreciation of the decorative arts.

Notes

1 Thanks are expressed to Robert Little, curator of Decorative Arts, Rosalind M. Pepall, Curator of Canadian Decorative Arts and Eric Vanasse, Data Technician Archives for their help in preparing this essay.

2 Norma Morgan "F. Cleveland Morgan and the Decorative Arts Collection in The Montreal Museum of Fine Arts" Master's Thesis in Art History, Concordia University, Montreal, September 1985.

3 *History of the Museum and its Collections: Annual Reports of the Art Association of Montreal* (published from 1879... at the MMFA Library) See also, Administrative and acquisition records held in the MMFA Archives.

Paul Bourassa

Arts décoratifs, métiers d'art et design au Musée du Québec : Voies et perspectives

Decorative Arts, Crafts and Design at the Musée du Québec: Directions and Dimensions

The Musée du Québec established a section dedicated to decorative arts in the fall of 1993. In early 1994, the section was renamed "Decorative Arts and Design" in order to include the field of contemporary industrial production. This extension of the collection has enabled the institution to better reflect the artistic diversity of Quebec. But, it was rather a rebirth since the Musée du Québec had been active in this area for many years, both in terms of historical and contemporary works.

In the early 1940s, the Musée du Québec acquired and exhibited objects stemming from our material culture. It was then assuming the role of a museum of fine arts, history and ethnology. The 1950s and 1960s were characterized by major purchases, mostly of "contemporary" works. The 1970s saw the development of a scientific discourse influenced by ethnography and the acquisition of several objects belonging to the material culture. The trend was to classify, group, and analyze. Rather than expressing an esthetical intention, decorative art objects were seen as the embodiment of certain values as if they were historical documents explaining the social environment of their makers and users. This concept was central to the redefinition of the Musée du Québec undertaken in 1980.

In 1983, when the Musée du Québec was basically defined as an art museum, the role of decorative arts as part of its collections was questioned. As early as

1979, all ethnographic objects and traditional furniture had been directed towards the newly established Musée de la Civilisation in Quebec City. The Musée du Québec kept its collections of metal ware, contemporary ceramics, copper enamel and contemporary tapestry.

Since the establishment of the section in the fall of 1993, three main directions have been identified for the development of collections: traditional decorative arts, contemporary crafts, and design.

In traditional decorative arts, the Musée du Québec collection includes mostly historical works created in a craft, semi-industrial or industrial setting. In the field of crafts, there is a strong presence of ceramics from the 1950-1970s and tapestries from the 1960-1980s, and acquisitions will be focused on the contemporary productions of local artists. As for design, the museum wants to highlight the most significant achievements in this multidimensional field.

Decorative arts, contemporary crafts and design thus belong to our Museum's national collection. We favour an approach that is intrinsic to the works, by highlighting their esthetical dimension, their ability to establish a dialogue and to express our emotional, social or symbolic ties with the world that surrounds us. Just like any work of art, the object then represents our way of being rather than our way of life and thus contributes to defining our real identity.

Le Musée du Québec, dont le mandat est de « faire connaître, de promouvoir et de conserver l'art québécois de toutes les périodes (…) et d'assurer une présence de l'art international »,[1] a créé à l'automne 1993, un secteur dédié aux arts décoratifs. Dès le début de l'année 1994, l'appellation a été modifiée pour devenir « arts décoratifs et design », afin d'inclure la possibilité pour le musée d'œuvrer dans le domaine de la production industrielle contemporaine. Malgré le vent de restriction qui balaie le monde muséal, cet élargissement des champs de collection permettra à l'institution de brosser un portrait plus juste de la diversité artistique au Québec. Mais en fait, il s'agit plutôt d'une renaissance, puisque le Musée du Québec a, pour nombre d'années, été actif dans ce milieu, à la fois au plan historique et contemporain.

1. Historique de la collection

Dès le début des années 1940, le Musée du Québec a acquis et exposé des objets de notre culture matérielle. Il assumait alors les rôles de musée des beaux-arts, d'histoire et d'ethnologie. Les premières acquisitions en arts décoratifs au Musée du Québec, particulièrement des pièces de mobilier traditionnel, coïncident avec l'exposition de la collection Coverdale, en

1942.[2] Les années 1950-1960 sont marquées par des achats importants,[3] particulièrement des pièces « contemporaines », soit directement des artistes[4] ou auprès de la Centrale d'artisanat,[5] par l'acquisition des premiers objets ethnographiques et autochtones (Succession Picard[6]), par l'intégration des collections de Paul Gouin,[7] des Archives de la Province,[8] de la Centrale d'artisanat,[9] de la collection Coverdale.[10] C'est au cours de ces années, et plus tard dans les années 1970, que la collection d'orfèvrerie s'est développée : la collection Carrier, importante source documentaire et comportant plusieurs pièces de valeur,[11] et surtout les nombreux dépôts de pièces religieuses[12] sont venus enrichir un fonds constitué aujourd'hui de plus de 1 000 pièces.

La décennie 1970-1980 marque le développement d'un discours scientifique à caractère ethnographique et l'acquisition de nombreux objets de la culture matérielle.[13] Ceux-ci sont mis en valeur dans des expositions qui portent sur l'art populaire, le jouet, le travail de l'artisan.[14] La tendance est à la classification, aux regroupements et à l'analyse Les objets d'arts décoratifs concrétisent alors des valeurs, tels des documents de notre histoire, qui expliquent le contexte social de l'homme d'ici, pour reprendre un concept qui a bouleversé le Musée au cours de sa re-définition en 1980,[15] plutôt que d'exprimer un propos esthétique.

Les concours artistiques de la Province consacrés, entre 1948 et 1965, aux arts décoratifs et à l'esthétique industrielle ont également permis au Musée du Québec d'acquérir plusieurs œuvres importantes qui, outre l'orfèvrerie, constituent toujours le noyau de la collection.[16] C'est ainsi que les œuvres de Louis Archambault, Julien Hébert, Gilles Beaugrand, Jean Cartier, etc. font maintenant partie des « chefs-d'œuvre » de la collection.

En 1983, lorsque le Musée du Québec s'est vu défini essentiellement comme un musée d'art, la place des arts décoratifs dans les collections a été remise en question. Dès 1979, tous les objets ethnographiques et le mobilier traditionnel avaient été dirigés vers le Musée de la civilisation de Québec, nouvellement créé.[17] Le Musée du Québec a conservé ses collections d'orfèvrerie, de céramiques contemporaines, d'émaux sur cuivre et de tapisseries contemporaines. Entre 1983 et 1993, la collection a été sous la responsabilité des conservateurs de l'art ancien (orfèvrerie), de l'art moderne et de l'art contemporain. Quelques pièces importantes d'orfèvrerie sont alors venues s'ajouter.[18]

2. Le développement de la collection

Depuis la création du secteur à l'automne 1993, trois principales voies de développement des collections ont été identifiés : les arts décoratifs traditionnels, les métiers d'art contemporains et le design. L'objet peut alors être fonctionnel, décoratif ou tenir un pur propos esthétique ; il peut être unique ou produit à grande échelle ; il peut être rare ou se retrouver couramment sur le marché. Ce n'est ni la préciosité, ni le caractère prestigieux de l'objet convoité par les collectionneurs qui détermine son intérêt muséologique. La valeur de l'œuvre se situe au contraire dans sa capacité à transcender ces caractères qui lui sont extérieurs et à incarner dans ses formes et sa matérialité un propos esthétique qui exprime un rapport avec le monde environnant.[19] Un bol à mélanger dont la conception formelle traduit parfaitement la valeur d'usage a autant d'intérêt que le meuble d'apparat très ouvragé dont la fonction est presque oblitérée au profit de sa structure décorative.

Par arts décoratifs traditionnels, il faut comprendre des pièces le plus souvent à caractère historique produites dans un contexte artisanal, semi-industriel ou industriel. C'est habituellement à ce concept que s'identifient la plupart des collections d'arts décoratifs dans les musées américains ou européens. Que la pièce soit créée par un artisan travaillant seul ou au sein d'un petit atelier, qu'elle soit produite plus anonymement dans le cadre d'une manufacture royale comme ce fut le cas pour la porcelaine de Sèvres, par exemple, ou fabriquée industriellement comme la céramique anglaise du XVIIIe siècle ne devrait en rien changer son intérêt. Mais l'on peut se demander aujourd'hui si ce n'est pas plutôt l'effet de rareté qui a permis à cette dernière catégorie de trouver une place au musée, cette rareté qui stimule le collectionneur d'antiquités et qui donne de la « valeur » aux objets. En effet, les musées sont habituellement peu à l'aise avec les objets d'usage courant, facilement disponibles sur le marché, et recherchent plutôt le prestige de l'œuvre unique ou, à défaut, de la pièce rarissime.

Plusieurs œuvres se rattachant à cette définition ont déjà fait partie des collections du Musée du Québec, mais ont été transférées au Musée de la civilisation lors du partage des collections. Il ne s'agit pas ici de refaire ou de doubler ces collections, mais bien de témoigner d'une pratique et surtout des grandes tendances qui ont traversé la production québécoise. L'acquisition du *Vase* avec décor d'esprit régionaliste de Jean-Jacques Spénard vient ainsi partiellement témoigner des débuts du renouveau de la céramique au Québec amorcé au cours des années 1940[20] sous l'impulsion de Pierre-Aimé Normandeau.[21] Avec l'ouverture de son atelier à Trois-Rivières dès 1939, Spénard répondait à une volonté du gouvernement de créer des petites industries locales qui exploitaient les ressources du pays et s'appuyaient sur les traditions. Il fut suivi en cela de plusieurs autres qui firent de même au cours de la décennie 1940. Dans cette même foulée, l'atelier-école *Céramique de Beauce* implanté en 1940 est le seul exemple d'une structure qui a évolué jusqu'à une industrialisation véritable.[22] Le succès de l'entreprise a certes reposé sur la répétition de modèles étrangers aux formes simples et robustes, mais aussi sur l'innovation lorsque, par exemple, Jacques Garnier a fourni ses prototypes au cours des années 1960[23] et que Jean Cartier s'est associé à la firme au début des années 1970.[24] Le Musée du Québec n'a pas hésité à se porter acquéreur de ces pièces même si plusieurs se retrouvent encore dans les marchés aux puces, souvent à des prix ridicules.

Les acquisitions dans cette voie de développement doivent d'abord et avant tout rendre tangible un phénomène, une esthétique particulière, appuyer un parcours, une continuité etc. C'est dans cette perspective qu'il faut aussi comprendre l'acquisition en 1994 de deux pièces de mobilier ancien, soit la *Commode à profil galbé* de la fin du XVIIIe ou du début XIXe siècle et le *Buffet* de Jean–Omer Marchand réalisé probablement au cours des études de l'architecte à l'École des beaux-arts de Paris, vers 1900.[25] Ces deux pièces ont trouvé immédiatement le chemin de la présentation permanente de la collection, jalonnant un parcours où sont présentés peintures, sculptures, dessins, photographies et objets d'art décoratif qui incarnent les différentes esthétiques ayant prévalu dans l'histoire de l'art du Québec.

Dans le domaine des métiers d'art, la collection du Musée du Québec comporte actuellement une forte représentation de céramiques des années 1950-1970 et de tapisseries des années 1960-1980. Pour le reste, tous les domaines sont à explorer: métaux, verre et vitrail, reliure, ébénisterie et bois, textiles, joaillerie. Le Musée veut concentrer son action sur la production contemporaine et témoigner de l'apport des créateurs d'ici, tant au plan de l'originalité, de l'expression que de la maîtrise des matériaux. On peut en effet privilégier l'un ou l'autre de ces critères dans l'appréciation des œuvres. En fait, le recours à des matériaux reconnus ou même à des concepts qui réfèrent à ces matériaux pour la réalisation d'une pièce unique à caractère fonctionnel ou non suffisent à la qualifier en tant que réalisation en métiers d'art. L'art textile, la céramique et le verre contemporains sont à cet égard trois disciplines éloquentes. Mais il demeure difficile d'établir des catégories claires et définitives. Certains artistes davantage identifiés au domaine des arts visuels utilisent également ces matériaux et leurs œuvres tiennent souvent des propos similaires. C'est à la fois dans les intentions, déclarées ou non, de l'artiste et dans sa démarche qu'il faut chercher la pertinence d'une pièce pour une collection qui s'intéresse aux métiers d'art.[26]

À titre d'exemple, la « sculpture » *Ming X* de François Houdé trouve son sens dans la collection d'arts décoratifs. Cet artiste vient décidément du domaine du verre. Formé au Sheridan College auprès de Daniel Crichton, sa production a évolué depuis des formes plus conventionnelles – des vases – vers une expression « sculpturale » où le matériau demeure au centre de son propos. Le verre, matière transparente qui s'efface au profit de ce qui est à voir au-delà de sa réalité, devient présence tangible d'un espace tridimensionnel recomposé par les différent fragments assemblés.[27] Une œuvre comme la *Robe de rituel I* de Michelle Héon peut également s'inscrire dans cette logique. Le papier fait main, matière constituée de fibres végétales entrecroisées aléatoirement, est considéré, pour les uns, comme faisant partie des arts textiles ou, pour les autres, ressortissant à la sculpture. Le matériau est ici utilisé pour composer un vêtement en décrépitude, véritable trace archéologique, métaphore du temps et de la fragilité du corps.[28] Dans le domaine de la céramique, les œuvres de Léopold Foulem, Paul Mathieu et Richard Milette ont récemment trouvé le chemin des collections du musée. Tous trois explorent traditions et contextes pour définir la spécificité de leur art. Foulem conçoit des objets, surtout des théières, qui deviennent des signes d'eux-mêmes, toujours vraisemblables et reconnaissables dans leurs formes, mais non fonctionnels parce que pleins, sans ouverture ou sans véritables parois. Paul Mathieu dans ses « tas de vaisselles » utilise des pièces parfaitement fonctionnelles empilées dans un ordre donné qui composent une image se modifiant au moment de la manipulation, entretenant la confusion entre peinture, sculpture et céramique, entre contemplation et utilisation. Avec ses vases néo-grecs, faussement craquelés, ou néo-Sèvres, affublés de faux tessons et montés sur du faux cuir clouté, Richard Milette dénonce la hiérarchie des valeurs établie par l'establishment artistique de même que le fétichisme du vestige, des matières précieuses et du bel objet.[29]

Mais ces œuvres qui, conceptuellement, bouleversent les conventions tout en puisant aux traditions, n'interdisent pas la valorisation de l'approche contraire, c'est-à-dire qui s'inscrit à l'intérieur des normes établies tout en proposant un langage formel éminemment contemporain. La connaissance vécue et intuitive du métier, l'approche respectueuse de la matière et la sensibilité sont alors au rendez-vous de la fonction esthétique. Le licier Marcel

Marois, par exemple, peut être identifié à ce courant. Dans sa tapisserie *Comme un souffle dans l'onde confuse*, il propose une réflexion sur le caractère éphémère de notre environnement où les tensions entre le réel et sa représentation, entre la narration et l'abstraction forcent l'inscription du drame écologique au creux de notre mémoire. Délibérément, Marois choisit une trame assez grossière, l'obligeant à respecter la matérialité de son médium. Chaque point est minutieusement composé à partir d'une gamme de plusieurs fils de couleur qui sont agencés de manière à créer un effet de chatoiement qui traduit l'énergie vitale émanant du sujet.[30]

La présence des métiers d'art contemporains au Musée du Québec en est à ses balbutiements. Domaine aux multiples facettes, la collection demeure parcellaire et une juste représentation ne sera assurée qu'à long terme. Les gestes qui ont été posés au cours des trois dernières années dans le domaine de la reliure, du verre, de la céramique et du textile en appellent d'autres qui viendront les consolider. Mais, en plaçant les métiers d'art de plain-pied et en plein droit avec les autres manifestations artistiques, le Musée du Québec a pris le pari de l'ouverture et de l'audace pour assurer plus justement son rôle de témoin privilégié de la création qui se fait ici, maintenant.

Si les différentes manifestations en métiers d'art qui doivent être représentées dans la collection sont nombreuses, les applications du design le sont tout autant. Le design touche aussi bien le monde industriel (produits de consommation, commerciaux, médicaux et scientifiques) que l'aménagement d'espaces urbains, d'habitation, de travail, d'exposition ou de divertissement; il englobe également la mode, la création d'environnements, la conception graphique de symboles, de logotypes, d'images publicitaires, d'emballages et de produits multimédias. Le design est une discipline où la cohérence formelle et structurelle du produit prend en compte les moyens techniques mis en œuvre, les critères esthétiques, la valeur d'usage, le marché potentiel et le coût de revient.[31]

La représentation du design dans un musée voué aux arts et à vocation générale est différente de celle d'un établissement consacré uniquement à ce domaine. Il ne s'agit pas de faire une histoire du design, avec fonds d'archives et collection encyclopédique, mais bien de marquer les accomplissements les plus significatifs dans ce domaine multiforme. Toutefois, il nous semble important pour chaque « objet » ou « projet » de bien représenter le travail de création qui le sous-tend par une sélection d'esquisses, de dessins préparatoires, de dessins techniques ou autres supports. Certaines formes du design, sont par contre moins appropriées ou plus difficilement

« exploitables » dans ce contexte. L'accroissement de la collection et un certain recul seront nécessaires avant de développer les secteurs concernant les aménagements, le « packaging », les multimédias, qui sont pourtant des domaines très actifs au Québec. Quant au design de mode, il est pour le moment totalement écarté. Le développement d'une telle collection présuppose, dans un musée comme le nôtre, des assises historiques et une infrastructure qui sont absentes.

Plusieurs acquisitions sont venues baliser la voie depuis deux ans, surtout dans le domaine plus « conventionnel » du design d'objet. Des pièces comme la chaise de jardin « Contour » de Julien Hébert et la chaise « Nylon » de Jacques Guillon, annoncent l'entrée du mobilier québécois dans la sphère d'influence du modernisme.[32] La forme générale adaptée parfaitement à la fonction, la clarté des composantes structurales, l'emploi de matériaux modernes, le refus de tout compromis ornemental et l'adaptation à une production de masse caractérisent le design de ces meubles.

Très représentatif de l'avant-garde des années 1960, la série *Kiik* de François Dallegret montre l'application d'un concept à des objets qui prennent forme, soit de façon purement plastique, soit par leur potentiel ludique, soit de manière graphique. Autour de l'idée des pôles symétriques opposés, le négatif et le positif,[33] apparaissent d'abord *Les trois Kiiks de Chicago*, édition limitée de 1968.[34] Cette sculpture, puisqu'il faut l'appeler ainsi, interagit avec l'environnement et la lumière. Elle les reflète et les distord, tel un flux énergétique ondulatoire en continuelle transformation. La version miniaturisée, *Kiik 69*, est un médicament de l'esprit et de l'imagination qui soigne par le geste. Il est recommandé pour guérir le corps ou l'esprit, il permet d'arrêter de fumer ou de commencer à boire, il garde la chaleur et l'odeur de la main (les chiens l'adore), etc.[35] Le concept *Kiik* se décline aussi à travers d'autres projets, tel *Lumikiik* qui est une lampe de table instable restée à l'état de prototype et les tissus *Kiik Lines* produit par Knoll New York où le dessin linéaire se veut la transcription du flux énergétique des *Kiik*.[36] Avec la série *Kiik*, l'objet dépasse la stricte nécessité fonctionnelle par son sens ludique et exprime les valeurs de la culture Pop.[37]

Des objets encore plus contemporains, certains toujours en production, sont aussi venus enrichir la collection. Pour le designer Koen De Winter, la forme, pour être signifiante, doit exprimer la fonction, tendre vers l'universel plutôt que le particulier, s'inscrire dans une continuité en maîtrisant les acquis et supposer la maîtrise d'un savoir-faire.[38] C'est ce qu'il fait avec les bols à mélanger « Tip & Mix » qui actualisent et améliorent un « classique »

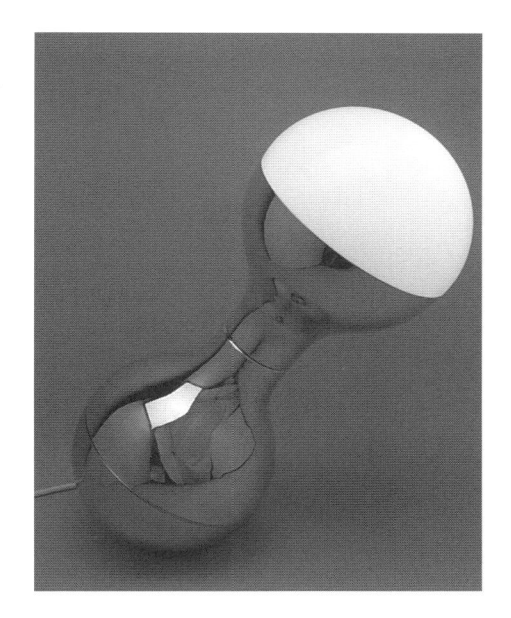

"Lumikiik"
by Francois Dallegret (1970)
Photo: Patrick Alman
Musée du Québec

**"Comme une souffle
dans l'onde confuse"**
by Marcel Marois (1993)
Photo: Jean-Guy Kerouac
Musée du Québec

du design danois : les bols à mélanger en mélamine « Margrethe » créés en 1950. En séparant le bol de la base, celui-ci devient uniforme, donc moins coûteux à fabriquer et plus solide. La base de néoprène offre quant à elle une bonne stabilité et surtout la possibilité d'incliner le bol à la position désirée pour faciliter le mélange des ingrédients. Le bec verseur a été corrigé et l'angle de la poignée modifié pour une meilleure préhension.[39] Pour Michel Dallaire, le respect des matériaux et des procédés se traduit par une probité formelle qui respecte la fonction. Trois objets de Michel Dallaire font déjà partie de la collection : la mallette Résentel, les ustensiles à BBQ et la torche olympique de 1976.[40] Cette dernière répond parfaitement aux préceptes appris du design scandinave que Michel Dallaire a bien connu lors de ses études : elle est classique, elle admet des ajustements contemporains et elle reste fidèle aux valeurs de la nature. Inspirée de la torche antique, une simple branche entourée de feuilles enduites de paraffine, le flambeau est caractérisé par ses lignes d'une désarmante simplicité, par ses innovations techniques et par son souci de vérité historique, voire même ses préoccupations écologiques puisqu'il était alimenté par un carburant à base d'huile d'olive. La torche olympique de Michel Dallaire vient affirmer que l'objet de design est chargé de sens, qu'il a certes une fonction utilitaire, mais que sa fonction esthétique et symbolique vient s'ancrer au sein d'une culture et contribue à la définir au même titre que toute œuvre d'art.[41]

De nombreux autres domaines du design québécois devront être représentés dans la collection (à l'intérieur des limites physiques et intellectuelles imposées par la vocation et la capacité du musée à conserver et à mettre en valeur ces diverses manifestations) : le domaine médical et scientifique, les transports qui, comme on le sait, sont un domaine d'expertise important au Québec, l'ameublement de bureau,[42] les articles de sport et de loisir qui constituent également un des fers de lance du design industriel québécois. Le graphisme est aussi un champ presque vierge. Seuls le logotype d'Expo '67 de Julien Hébert et quelques affiches publicitaires marquent la présence de ce volet au Musée du Québec.

Le design d'aujourd'hui pose, comme toutes les pratiques artistiques contemporaines, la question de sa représentation dans un musée. Traditionnellement, le musée est un exploitant d'objets. Les formes non conventionnelles – performances, vidéos, multimédias – n'ont souvent qu'une présence aléatoire. Dans le monde du design, comment un musée assurera-t-il la mise en valeur de la conception assistée par ordinateur, des objets virtuels, du design utopique, des projets d'intervention urbaine, etc. ? Pour l'heure, on ne peut que de soulever ces questions et espérer y répondre le plus justement possible au fil des acquisitions.

Les arts décoratifs, les métiers d'art contemporains et le design sont dorénavant présents au sein de la collection nationale du Musée du Québec. Le musée privilégie une approche intrinsèque à l'œuvre, c'est-à-dire qui met en évidence sa dimension esthétique, sa capacité à établir un dialogue et à exprimer une façon de percevoir le monde environnant par les rapports affectifs, sociaux ou symboliques qui nous y relient. L'objet, au même titre que toute œuvre d'art, incarne alors notre façon d'être plutôt que notre manière de vivre et contribue à une véritable définition identitaire.

Notes

1   L.R.Q., Chap. M-44, *Loi sur les musées nationaux*.

2   *Gravures et meubles du Vieux-Québec* [Canada Steamship Lines; W. H. Coverdale Collection of Canadiana], 11 décembre 1942 – 31 janvier 1943. Voir la publication qui accompagnait cette exposition : *Le Vieux Québec*. [essai de Percy F. Godenrath]. [Montréal : Canada Steamship Lines. 1942?]. 32 p. En fait, les premières acquisitions en arts décoratifs datent de novembre 1942 et faisaient partie d'un lot provenant de la succession Neilson (Livres d'acquisition du Musée du Québec pour l'année 1942, n^{os} acc. 42.147 à 42.165); puis les premiers achats de meubles anciens auprès des antiquaires S. Breitman et H. Baron sont recensés en décembre 1942 (42.174 à 42.177), en mars 1943 (43.59, 43.60) et en octobre 1943 (43.363 à 43.367).

3   Par exemple, le service de 139 pièces remis à Sir Adolphe Chapleau, lieutenant gouverneur de la Province de Québec (1892-1898), de la compagnie Havilland & Co. de Limoges à décor naturaliste d'après les dessins de Theodor R. Davis acquis en 1950 et transféré au Musée de la civilisation en 1979 (50.103); signalons aussi la première pièce d'orfèvrerie religieuse québécoise ancienne, un ostensoir de Paul Morand, acquis auprès de l'antiquaire S. Breitman en 1952 (52.22).

4   Le Musée achète des pièces directement des émailleurs Marcel Dupond (50.95), Thérèse Brassard (52.69, 52.70; 53.54 à 53.60; 55.579 et 57.26, 57.27), Denys Morisset (53.87 à 53.89 et 56.323), Françoise Desrochers-Drolet (53.194 à 53.201; 55.580 à 55.583 et 57.151, 57.152), Richard Thériault et Edouard Otis (54.95 à 54.98), Monique Drolet (55.584, 55.585), Suzanne Blouin (58.535 à 58.537), des orfèvres Gilles Beaugrand (43.242) et Raymond Bégin (59.527 et 63.62, 63.63), des céramistes Jean Cartier (56.403), Jean-Claude Coiteux (57.48 à 57.57), de la licière Mariette Rousseau-Vermette (63.70).

5   Auprès de la Centrale d'artisanat, le Musée acquiert au cours des années 1953, 1954, 1959 et 1960 (53.153 à 53.164; 54.207 à 54.216; 59.85 à 59.102; 60.14 à 60.25) des céramiques de Jean Cartier, de Gisèle Papineau, de Jean-Claude Coiteux, de Marcel Choquette, du duo Watson-Meunier, de Wilfrid Roberge, de Gaétan Beaudin, de l'Argile vivante (Jacques Garnier), de Claire Cadet-Haggar, de Denyse Beauchemin, de Katie Barbeau, de Norman Lavoie, de Charles Sucsan, de Jordi Bonet, de Robert Champagne et de Jacques Gendrot; des émaux de Jean-Baptiste Bergeron, de Richard Thériault et Edouard Otis, de Robert Perrier, de Louis Perrier, de Jules Perrier, de Richard Perrier, de Micheline de Passilé-Sylvestre, de Denise Langlois, de Françoise Desrochers-Drolet et de Claude Bérubé; des pièces d'orfèvrerie ou de métal de Georges Delrue et de Hans Gehrig; un bois sculpté de Léo Gervais.

6   Quelques pièces amérindiennes avaient au préalable été acquises, dont un Wampum en 1946 (46.04), mais pas moins de 26 objets Huron sont entrés dans la collection via la Succession P.A. Picard en 1959 avant d'être transférés au Musée de la civilisation en 1979 (59.636 à 59.685).

7   Près de 250 pièces de mobilier et de sculpture de la collection Paul Gouin ont été cédées au Musée du Québec en 1951, et livrées entre 1952 et 1955 avant d'être cataloguées (55.185 à 55.324; 55.384; les pièces d'arts décoratifs 55.349 à 55.387 et 55. 394 ont été transférées au Musée de la civilisation).

8   Un ensemble de 69 pièces d'orfèvrerie, majoritairement québécoises, ont été transférées au Musée en 1967 (67.107 à 67.176).

9   Les quelque 143 pièces offertes en don par la Centrale d'artisanat en 1967, comprennent majoritairement des bois sculptés et des céramiques, mais aussi quelques bijoux et émaux; huit pièces de textile ont été transférées au Musée de la civilisation.

10 Dès 1966, des démarches avaient été entreprises par Guy Viau, alors directeur, pour que le Musée du Québec puisse se porter acquéreur des collections du Manoir Richelieu et de l'Hôtel Tadoussac, propriétés de la Canada Steamship Lines. C'est finalement le 7 mai 1968 que le gouvernement du Québec achetait pour la somme de 255 000 $ les quelque 2 500 meubles anciens, estampes, objets euroquébécois et autochtones, provenant de la collection de l'Hôtel Tadoussac et de la Maison Chauvin, suite au rapport de M. Jean Soucy, directeur du Musée du Québec. Cette acquisition doublait du coup la collection ethnographique amassée entre 1943 et 1967. En 1969, la collection a été placée sous la responsabilité de l'Institut National de Civilisation créé l'année précédente pour revenir au Musée du Québec lors de sa dissolution en 1971. Quant à la collection du Manoir Richelieu, comprenant peintures, gravures, dessins et aquarelles, celle-ci a été achetée en 1970 par les Archives nationales du Canada. La collection Coverdale au Musée du Québec n'était pas complètement inventoriée en 1979, alors qu'elle fut transférée, sauf pour les estampes, au Musée de la civilisation. Voir Richard Dubé et Thérèse LaTour. « Le 25e anniversaire de la collection Coverdale ». *Muséo-Trace*. vol. 1, no 4 : octobre 1993. 4 p.

11 Les 741 pièces ont été acquises le 17 décembre 1959 (60.61 à 60.572). Voir René Villeneuve. « L'orfèvrerie ancienne ». *Le Musée du Québec. 500 œuvres choisies*. Québec : Musée du Québec. 1983. p. 308-309.

12 143 pièces d'orfèvrerie provenant de 14 paroisses différentes sont ainsi en dépôt au Musée du Québec, dépôts qui ont été effectués entre 1967 et 1975.

13 À la dissolution de l'Institut National de Civilisation en 1971, le Musée du Québec réintègre les collections d'ethnologie et un département spécifique est créé pour ce secteur à l'automne de 1972. L'année 1973 voit les acquisitions de la collection Louise A. Caron comprenant plus de 200 pièces de mobilier, de céramiques et d'objets domestiques, (73.41 à 73.209), ainsi que d'une collection de plus de 120 pièces de verre canadien ancien (73.232 à 73.314). La collection de jouets anciens se développe également à cette époque comme en font foi les nombreuses acquisitions de 1974. Les acquisitions d'objets ethnographiques se poursuivront sous les auspices des commissions consultatives d'acquisition du Musée du Québec jusqu'en 1975.

14 Plus d'une dizaine d'expositions d'ethnologie seront présentées, surtout à partir des collections permanentes, entre 1973 et 1980, dont *La vie québécoise à l'époque 1900* (1973), *L'artisan d'autrefois* (31 octobre 1974 – 13 janvier 1975), *Arts populaires du Québec* (9 octobre 1975 – 8 février 1976), *Les jouets anciens* (1er décembre 1975 – 5 janvier 1976), *Courtepointes et lits anciens* (1er décembre 1975 – 7 mars 1976), *Objets anciens du Québec* (8 janvier – 1er février 1976), *Le jouet dans l'univers de l'enfant 1800-1925* (17 février – 1er mai 1977), *Courtepointes québécoises* (16 novembre 1978 – 7 janvier 1979), *Cordonnerie traditionnelle* (16 novembre 1978 – 7 janvier 1979), *La légende dans l'art québécois* (31 mai – 30 septembre 1979). Voir Mario Béland. *Le Musée du Québec. Les expositions des origines à 1990*. Québec : Musée du Québec. Collection « Cahiers de recherche », no 2, 1991. p. 45-46.

15 Entre décembre 1978 et novembre 1980, un débat très animé, probablement le plus important à être survenu dans l'histoire de la muséologie québécoise, opposera au cours d'audiences publiques tenues par le gouvernement et de lettres ouvertes dans les journaux les tenants d'un « Musée de l'homme d'ici » et ceux d'un « Musée d'art », débat qui aboutira à la création du Musée de la civilisation. Voir Fernand Harvey. *Le Musée du Québec. Son public et son milieu*. Québec : Musée du Québec. Collection « Cahiers de recherche », no 3. 1991. p. 42 à 52.

16 Les concours artistiques de 1948, 1950, 1954, 1957, 1960, 1962, 1963 et 1964 comportent une section arts décoratifs et, à compter de 1957, une section esthétique industrielle. La plupart des œuvres récipiendaires sont acquises par le Musée, mais pas de façon systématique. De 1965 à 1967 le Musée du Québec acquiert quelques œuvres dans la section arts appliqués de ces mêmes concours. Voir Michel Champagne. *Les Concours Artistiques*. [tapuscrit]. 1988. 43 p.; 20 pl. Parmi les artistes primés en arts décoratifs et dont les œuvres ont été acquises, on retrouve en tapisserie : Irène Auger d'après un carton d'Alfred Pellan, Mariette Rousseau-Vermette d'après Fernand Leduc, Micheline Beauchemin, Jeanne d'Arc Corriveau, Anne Paré, Fernand Daudelin, Roger Caron, Monique Mercier; en orfèvrerie : Gilles Beaugrand, Maurice Brault, Hans Gehrig et Walter Schluep, Philippe Vauthier; en vitrail : Aline Piché, Jacques Barbeau; en reliure : Louis Grypinitch; en céramique : Louis Archambault, Jean Cartier, Denyse Beauchemin, Maurice Savoie, Louise Doucet; en mobilier : Guy Viau et Jacques Beaulieu, Gilbert Breton; en émail : Françoise Desrochers-Drolet, Thérèse Brasard, Normand Filion. Dans la section esthétique industrielle, ont été acquises des pièces de Julien Hébert, Jean-Paul Mousseau, Claude Vermette, Yvon Lajoie.

17 Le partage des collections s'est effectué en 1979, mais le Musée de la civilisation n'a officiellement ouvert ses portes qu'en 1988.

18 Signalons, entre autres, l'*Urne* de Joseph Cradock, pièce honorifique remise au politicien John Neilson en 1842, acquise en 1984 (84.21) et la *Théière* de Salomon Marion acquise en 1986 (86.103).

19 L'objet fonctionnel, ou qui suppose un rapport physique avec un utilisateur, est, une fois rendu au musée, privé d'une part essentielle de sa raison d'être puisque rendu inutilisable et inaccessible au toucher. Par contre, cette privation crée un distance qui change notre relation à l'objet et nous place, selon les conditions, dans un état réceptif permettant l'expérience esthétique. Cette rencontre est cependant loin d'être désincarnée, ne niant ni le matériau ni sa destination au seul profit de la forme ou de l'idée. Au contraire, dans le domaine qui nous concerne, l'on pourrait plutôt parler d'une réincarnation, d'une prise de conscience de l'importance matérielle et physique de l'objet (voir note 26).

20 Du vase de Spénard (MQ 96.40), l'on connaît un double semblable au Musée des beaux-arts de Montréal. Sur Spénard et le renouveau de la céramique, voir Jean-Marie Gauvreau. *Artisans du Québec*. [Montréal] : Les Éditions du Bien public. 1940. p. 201-219.

21 Sur Pierre-Aimé Normandeau, voir Gloria Lesser. *École du Meuble, 1930-1950. La décoration intérieure et les arts décoratifs à Montréal / Interior Design and Decorative Art in Montreal*. Montréal : Le Château Dufresne Musée des arts décoratifs de Montréal. 1989. p. 58-63.

22 Le Musée du Québec a acquis plus d'une vingtaine de pièces de *Céramique de Beauce* en 1996 et 1997, dons de M. Daniel Cogné (96.57 à 96.77 et 97.196 à 97.199), *Céramique de Beauce* a été en activité jusqu'en 1989. Au plus fort, l'usine employait 125 personnes et occupait 54 % du marché canadien avec plus de 2 300 000 pièces par année, voir Daniel Cogné. « Du Beauce sur nos tables ». *Cap-aux-Diamants*. n° 44 : hiver 1996. p. 40-43

23 Jacques Garnier, qui avait fondé l'atelier *L'Argile vivante* en 1956, a fourni plus d'une centaine de modèles à la coopérative beauceronne, notamment un service à thé qui s'était mérité le premier prix lors d'un concours commandité par le Conseil du thé au Canada, en 1964 (MQ 96.67). Voir Suzanne et Laurent Lamy. *La Renaissance des métiers d'art au Canada français*. Québec : Ministère des Affaires culturelles. 1967. p. 46-47.

24 Jean Cartier a travaillé pour Céramique de Beauce de 1970 à 1973, fournissant plus de 200 modèles dont une célèbre série de cocottes pour la cuisson au four (MQ 96.71, 96.72, 97.198) et quelques pièces décoratives de « prestige », certaines laissées à l'état de prototype (MQ 97.196), d'autres, comme la série « Skimo », probablement produites à petite échelle (MQ 97.197).

25 La commode à profil galbé (94.23) montre la persistance du style Louis XV et de l'esprit français dans le mobilier québécois tard dans le XVIIIe siècle; le meuble de J.-O. Marchand (94.32) annonce, après l'éclectisme victorien, un retour au classicisme et à des formes ordonnées par une architecture rigoureuse, tel que préconisé par le style Beaux-Arts.

26   Il est révélateur de constater que dans le domaine des arts visuels, on s'intéresse de plus en plus à la matière et à la maîtrise d'un savoir-faire comme principes d'analyse. La philosophie, depuis Platon jusqu'à Kant et Hegel, puis après elle l'histoire de l'art, ont tenté d'évacuer la matière pour ne s'intéresser qu'à la forme. Pour elles, la matière est une contingence nécessaire qui doit disparaître au profit de la forme; elle est assujettie à l'idée et à la forme (*L'esprit des formes* d'Élie Faure), c'est-à-dire au dessein (*disegno*) qui la libérera de l'informe. Or, depuis quelques années, philosophes et historiens de l'art réhabilitent la matière et la technique et y voient un champ ouvert à l'analyse jusqu'ici largement occulté (voir Florence de Mèredieu. *Histoire matérielle et immatérielle de l'art moderne.* Paris : Bordas. 1994). Le matériau, son choix, et les techniques qui en supposent non pas la formation ou la transformation, mais la mise en œuvre, constituent des principes actifs jusque-là considérés comme une antivaleur (Georges Didi-Huberman. « Morceaux de cire ». *Définitions de la culture visuelle III. Art et philosophie.* Actes du colloque tenu au Musée d'art contemporain de Montréal, les 16, 17 et 18 octobre 1997. Montréal : Musée d'art contemporain. Collection « Conférences et colloques », n° 5.1998. p. 53-65). La réhabilitation de la matière et de la technique dans le domaine des arts visuels (le terme arts plastiques est de plus en plus employé, justement parce qu'il suppose un propriété matérielle plutôt que formelle) devrait constituer un tremplin pour l'élaboration d'un discours critique dans le domaine des métiers d'art.

27   *Ming X* (MQ 94.232) est composé, en plans successifs, de différents types de verre découpé : verre armé, fenêtre à carreaux, vitrail plombé à verre cathédrale. Paradoxalement, Houdé s'est toujours intéressé aux aspects « imparfaits » du verre (fragilité, opacité, rugosité) voulant dépasser la notion de beauté presque charmeuse associée au matériau par l'utilisation de surfaces érodées et imparfaites, de fragments collés ou assemblés. Sur François Houdé et la série « Ming », voir *Mémoires illusoires*. [Textes de Jean Dumont, Claude Gagnon, Veronica Hollinger, Andrée Lemieux, Annie Paquette]. Montréal : Galerie Elena Lee Verre d'art et Galerie Trois Points. 1991. 28 p.

28   Dans ses diverses installations, robes, boîtes, navires et sites, Michelle Héon investigue, par le biais de la matière et de son traitement, le temps, l'histoire et la mémoire. René Viau, dans une lettre publiée à l'occasion d'une exposition à la Galerie Noctuelle en 1985, disait à propos des kimonos et robes de rituels de Michelle Héon : « Ce sont des costumes-fantômes issus de l'opéra de la vie des matériaux ». Voir aussi *artis factum. Michelle Héon, Isabelle Leduc, Gilles Morissette.* [Texte de Michel Groleau]. [Saint-Lambert : Musée Marsil. 1988].

29   La collection permanente du Musée du Québec compte trois œuvres de Leopold L. Foulem (*Théière avec armature gothique*, 1990, 94.15; *Service à café*, 1988, 97.103; *Théière « famille jaune » avec motif floral bleu*, 1996, 97.104), trois de Paul Mathieu (*Saint Cyran*, 1984, 94.233; *La Mise en abîme (d'après Juan Sanchez Cotan)*, 1992, 95.486; *The First Summer of Love*, 1992, 95.487) et deux de Richard Milette (*Vase chinois bachelier avec bananes*, 1993, 97.109; *Lécythe 12-7528*, 1987, 97.110). En outre le Musée du Québec a présenté une exposition qui comprenait six œuvres de chaque artiste dans la salle 1 vouée à divers projets en art contemporain. Voir *Foulem/Mathieu/Milette. L'espace de la céramique* [Texte de Paul Bourassa]. Québec : Musée du Québec. 1997. 44 p.

30   *Comme un souffle dans l'onde confuse* (MQ 95.475) est réalisé selon la technique séculaire de la tapisserie de haute lice, telle qu'on la pratique à l'atelier des Gobelins depuis le XVIIe siècle. Par contre, l'artiste évite le maniérisme pictural de ces derniers qui se sont évertués à traduire le plus fidèlement possible les cartons de peintres célèbres au détriment du médium qu'ils utilisaient. Marois respecte donc son matériau. Un discours esthétique qui prend en compte la matière et la technique trouve ici une autre dimension. En effet, selon la classification d'André Leroi-Gourhan dans *L'homme et la matière*, la fibre est un solide souple, transformé et manipulé mais fondamentalement inaltérable, au contraire des autres matériaux qui sont coulés, moulés, broyés, donc modifiés par l'action humaine. Ce faisant, la fibre garde davantage son essence de pure matérialité. De plus, la technique du tissage est un acte de la longue durée. À l'opposé de la spontanéité créatrice, le geste de tisser est répétitif. Il permet non seulement l'acquisition d'une connaissance technique mais participe à l'acte créatif par les possibilités réflexives issues du rythme engendré. Leroi-Gourhan nous apprend encore dans *Le geste et la parole* que le rythme réfléchi dans un réseau de symboles est fondateur de l'existence d'un temps et d'un espace proprement humains, passant d'un temps chaotique à un temps régularisé, d'un espace subi à un espace aménagé et organisé. En extériorisant le rythme, l'individu enclenche un cycle de substitution qui permet d'entretenir un état de rêverie ou de réflexion. Le geste de tisser pratiqué par l'artiste-licier participe donc à sa réflexion, à sa création parce qu'il permet justement le détachement nécessaire au retour de la pensée sur

elle-même. Marois dit d'ailleurs lui-même : « Au fil d'un long rituel d'exécution, chaque point de la tapisserie devient le lieu de la vision et de l'interprétation. Le temps définit ainsi la mesure de la passion et de la réflexion. » (cité dans *Marna Goldstein Brauner, Nancy Edell, Marcel Marois. Pictorial space : New textile images / Un nouvel espace pictural dans l'art textile*. [Texte de Susan Warner Keene]. Toronto : The Museum for Textiles. 1990. p. 19. Sur Marcel Marois, voir *Marcel Marois*. [Textes de Michel Thomas-Penette et de Janis Jeffries]. Saint-Hyacinthe : Expression centre d'exposition de Saint-Hyacinthe. 38 p.

31 Les contingences de l'objet industrialisé, loin d'avilir le potentiel créateur, imposent par contre un cadre de travail où le designer joue le rôle de conciliateur. Extraire l'objet de design de son contexte de production et le placer en situation « artistique » dans le cadre muséal, c'est pour certains un détournement (Adrian Forty. *Objects of Desire : Design and Society 1750-1980*. Londres : Thames and Hudson. 1986). Cette définition, et la critique qui en découle, sont davantage orientées sur l'en-deçà de l'objet, sur sa production et sa conception. Or, depuis plusieurs années et bien que ces contraintes existent toujours, une préoccupation de plus en plus grande est portée sur l'au-delà de l'objet, sur sa communication et sa performance. L'objet n'est plus univoque et son potentiel se développe au-delà d'une relation fonctionnelle déterminée et arrêtée. Possédant un contenu ludique, voire sa propre intelligence, l'objet ne nécessite plus obligatoirement une utilisation pour en développer le sens. Les valeurs d'échange et d'accueil prenne le pas sur la valeur d'usage. De plus, la diversité des matériaux et techniques disponibles font de ceux-ci non plus un finalité, mais un bassin où le designer puise les réponse à ses idées, à sa conception (voir *Cahiers du CCI n° 2. Design : actualités fin de siècle*. [Sous la direction de Jean Maheu]. Paris : Centre Georges Pompidou. 1986) Dans ce contexte, l'objet, même fétichisé par le musée, développe une charge affective et les conditions favorables à l'expérience esthétique.

32 La chaise de jardin « Contour » (1951) de Julien Hébert (MQ 94.169) en tube d'aluminium et la chaise « Nylon » (1952) de Jacques Guillon (MQ 94.168) en bois lamellé et cordage de nylon démontrent non seulement une propension moderniste pour l'utilisation de nouveaux matériaux issus de l'ère industrielle, mais aussi comment ces matériaux ont influé sur l'approche formelle en tant que telle. Ces deux pièces ont très tôt été reconnues, tant sur la scène nationale par l'obtention de nombreux prix (*Design Merit Award*, 1953), que sur la scène internationale (Triennale de Milan, 1954). Encore aujourd'hui, elles sont considérées comme des œuvres-phares du modernisme (voir *L'arrivée de la modernité. La peinture abstraite et le design des années 50 au Canada*. [Textes de Robert McKaskell, Sandra Paikowsky, Allan Collier et Virginia Wright]. Winnipeg : Winnipeg Art Gallery. 1983. p. 129, 138, 168.

33 Cette idée a d'abord été développée par Dallegret dans « The Future : Desertomania ». *Art in America*. Juillet-Août 1967. p. 32-39.

34 D'abord conçu comme une maquette pour un projet non concrétisé destiné à un parc d'amusement pour l'Université de Chicago, *Les trois Kiiks de Chicago* (MQ 95.476) font aussi partie de la collection du Musée des beaux-arts de Montréal.

35 C'est ce qu'indique la posologie incluse dans le flacon du *Kiik 69* (MQ 95.477 et 95.478) en plus de préciser que « Kiik carries its own magnetism and electrical magic potential because of its two poles + and − ».

36 La lampe *Lumikiik* (MQ 95.479) n'est qu'un des « sous-produits » de ce concept et maintes fois reproduit dans les revues spécialisées en design. En plus des tissus *Kiik Lines* (MQ 95.481 à 95.484), il faut aussi compter l'affiche et la trousse pour les délégués de l'International Design Conference d'Aspen, au Colorado en 1968 (MQ 95.480 et 95.485) dont le thème « Dialogues Amérique-Europe » se prêtait bien au concept puisqu'il sous-entend la création de ponts entre les deux grands pôles du design.

37 À l'ère de la conquête de l'espace, de la télévision, du village global et de la libération sexuelle, le recours à la forme sphérique comme motif iconique traduit une nouvelle manière de vivre et la quête d'un futurisme utopique. La forme sphérique se retrouve tant en architecture – la *Un-House* de Reyner Banham, projet auquel Dallegret a été associé (voir Reyner Banham, illustrated by François Dallegret. « A Home Is Not a House ». *Art in America*. n° 2 : avril 1965. p. 70-79) ou le pavillon des USA de Buckminster Fuller à Expo '67 –, qu'en design – le fauteuil « Sphère » d'Eero Aarnio (voir *Pop in Orbit. Design from the Space Age*. [texte de Rachel Gotlieb]. Toronto : Design Exchange. 1995). Sur François Dallegret voir : Michel Vernes. « Dallegret et vice versa ». *Architecture intérieure créée*. n° 200 : 1984. p. 102-117 ; *Dictionnaire international des arts appliqués et du design*. [Collectif sous la direction d'Arlette Barré-Despond]. Paris : Éditions du Regard. 1996. p. 145-146.

38 Pour De Winter, les savoirs du design, c'est-à-dire « apprentissage et manipulation d'un vocabulaire formel, compréhension des structures élémentaires des processus de formalisation [...] ne peuvent prendre leur véritable sens si [ils] ne sont pas intégrés dans une démarche empirique qui exige la maîtrise d'un savoir-faire (voir Koen De Winter et Ginette Rochon. « L'enseignement ou la réhabilitation de la mission du design ». *ARQ*. vol. 24 : avril 1985. p.26).

39 En plus des bols à mélanger « Tip & Mix » (MQ 95.462), le Musée du Québec s'est porté acquéreur d'un exemplaire des lampes « Aurora Borealis » (95.472) et de pièces de la série « Porcelaine de Chine » (95.444).

40 Les œuvres ont été acquises en 1994 et 1996 (MQ 94.163, 94.164 et 95.436). Pour Michel Dallaire, « quand on peut saisir du premier coup d'œil le fonctionnement d'un objet, le design de cet objet est réussi. Une des conditions primordiales à remplir est le respect rigoureux des procédés. Il faut éviter à tout prix le mensonge dans l'utilisation des matériaux et dans l'expression de la forme. [...] Le métal ne s'exprime pas en volume comme le bois ou les thermoplastiques. On ne dessine pas pour le verre comme on le fait pour l'aluminium. À chaque matériau son vocabulaire. » (cité dans Bernard Paquet. « Prix Borduas 1991. Michel Dallaire designer industriel ». *Vie des arts*. Vol. XXXVI, n° 145 : hiver 1991-1992. p. 27-29).

41 Sur Michel Dallaire, voir *Michel Dallaire. La beauté des formes utiles*. [Préface de Georges Adamczyk et textes de Myriam Gagnon]. Montréal : Centre de design de l'Université du Québec à Montréal. 1993. 48 p.

42 Le Musée du Québec a acquis en 1997 un ensemble de pièces de mobilier de bureau modulaire du designer Douglas Ball (MQ 97.192 à 97.195). Sa collaboration avec la compagnie Sunar l'a placé à l'avant-plan de ce domaine sur la scène internationale. Au cours des années 1960-1970, son approche répondait déjà aux préoccupations humanistes d'un design engagé, à l'écoute des besoins des utilisateurs par l'élaboration de « systèmes » flexibles, c'est-à-dire des ensembles organisés de différents éléments pouvant être agencés selon les besoins de chacun, et qui présentaient des qualités sensibles indéniables.

Patricia Bovey

"Where Have We Been? What Are We? Where Are We Going?" Art Gallery of Greater Victoria

Art Gallery of Greater Victoria

Notre musée expose, recueille, diffuse et interprète des oeuvres sans faire de distinction entre les beaux-arts, les métiers d'art et les arts décoratifs. Nous accordons une importance fondamentale à chacun de ces domaines, et nous visons l'excellence dans les trois.

Notre histoire commence avec Emily Carr, célèbre artiste de la région qui s'adonnait également à la fabrication de tapis au crochet et à la poterie. C'est elle qui a lancé un appel passionné au maire de Victoria pour la fondation d'un musée en 1931. Les autorités ont fait sourde oreille, mais des bénévoles ont organisé trois expositions en 1944 et, en 1951, le Musée a emménagé dans l'immeuble qu'il occupe toujours et qu'il quittera bientôt pour un édifice spécifiquement adapté à ses besoins.

Dès les débuts, l'artisanat et les arts décoratifs ont fait partie intégrante des programmes et des collections du Musée. Aujourd'hui, nous consacrons le tiers de nos expositions annuelles à l'Asie, le tiers à l'histoire et le tiers aux arts contemporains; nous faisons place aux métiers d'art et aux arts décoratifs dans chacune de ces catégories. Mentionnons des expositions telles que « Le mandat du ciel : trésors de la Chine impériale » et « Transformation, Prix Saidye Bronfman 1977-1996 ».

Nous nous faisons un point d'honneur d'exposer les oeuvres des artistes contemporains de la Colombie-Britannique, et nous traitons depuis longtemps les artisans sur le même pied que les autres artistes. Par exemple, Robin Hopper, Carole Sabiston et Walter Dexter, artisans célèbres de la Colombie-Britannique, ont tous eu droit à des expositions individuelles et sont représentés au sein de la collection. Ils ont tous fait l'objet de publications du Musée.

Par ailleurs, le Musée n'oublie pas les arts décoratifs dans son programme de vulgarisation, qui porte notamment sur les objets de verre du dix-huitième au vingtième siècle, provenant du Canada, des États-Unis et de l'Europe.

Nous établissons le lien entre la collectivité et les créateurs d'hier et d'aujourd'hui par un riche programme de conférences et d'ateliers destinés aux adultes et d'activités organisées au musée et à l'école à l'intention des enfants.

Actuellement, nous déménageons dans un nouvel immeuble au centre de Victoria. Chaque section du nouvel édifice nous permettra de rehausser notre présentation des métiers d'art et des arts décoratifs contemporains. Les aires d'entreposage répondent aux exigences environnementales propres à chaque matériau. Il y a également des laboratoires de conservation, et la superficie de l'aire d'exposition triplera. L'exposition permanente de céramique et d'art décoratif occupera le centre de l'espace d'exposition de la collection permanente. De fait, les collections de céramique ancienne et contemporaine serviront de lien conceptuel entre l'Asie et le Canada. Le Musée possédera également une aire de travail réservée aux artistes résidents.

L'expression constitue un besoin fondamental de l'être humain, et la Art Gallery of Greater Victoria sera là pour recueillir, exposer, préserver et interpréter les oeuvres issues de ce besoin.

I want to look at the positive relationships of craft and art in terms of the Art Gallery of Greater Victoria – past and present – using the the title of Gaugin's famous painting as our guide.

I think the polarity that has characterized the words art and craft in the past few years is unfortunate. Craft refers to a technical skill – the craft of writing, the craft of sewing, of being able to do something. Art, in my opinion, includes the excellence of craft plus the giving of a message and thus is more than craft. Decorative often refers to the surface patterning and what was once termed the minor arts. In my view, this combines the quality of the surface treatment with that of the form and purpose of the object thus recognizing more fully the substance and creativity of the maker. Each of these meanings is important and each gives integrity to the work. None is negative.

The Gallery exhibits, collects, publishes, circulates, and interprets the fine arts, the crafts, and the decorative arts without distinction. Each field is central to us, and we look for excellence in each.

On Vancouver Island, which at times seeming closer to Japan than to Eastern Canada, we at the Art Gallery of Greater Victoria (AGGV) seek to realize our goal of enlivening and enriching the human spirit through the visual arts. We achieve that through collecting, caring for and presenting the visual arts, and by facilitating the interaction of artists and their work with the public. Through these activities we attempt to address our moral responsibilities of both public trust and public access.

Our story began with our own Emily Carr who certainly understood the international language of the visual arts. Not only did she execute lively, energetic paintings and drawings, but she also hooked rugs, and made many pots. It was she, who in 1931, made a very impassioned plea to the then Mayor of Victoria for the establishment of a gallery. However, the Gallery's first exhibitions were held only 13 years later, in 1944, in several automobile showrooms. The first three exhibitions covered the major fields of the Gallery's concentration since: contemporary Victoria art, Oriental art, and eighteenth century British art.

Right from the early days, the work of what we call craftspersons, in its real meaning, and that of decorative arts, were part of the Gallery's programs and collections. The Collections Policy of the AGGV actually refers to decorative arts in section 1 (a) Scope. Further it defines the source of the creation of those works as being "Europe, Asia and the Americas with primary emphasis on Canada, Japan, and China. Special consideration is given to purchasing contemporary art of the province and, in particular, the region served by the Art Gallery of Greater Victoria… The Gallery collects art objects based on their aesthetic and art historical merits."

The over-riding statement of the Collections Policy summarizes the substance of the collection and the import it has for all the activities of the Gallery: "The Board of the Art Gallery of Greater Victoria acknowledges the collections as being central to the stature and well-being of the institution. A basic goal is the enhancement of the permanent collections both qualitatively and quantitatively. The Gallery collects for the purposes of preservation, exhibition, education and interpretation."

The collection of the Art Gallery of Greater Victoria does indeed include many works of decorative arts, and those of contemporary craft, works made of the materials traditionally termed craft, such as clay, wood, textile, glass and metal. Examples of the richness of the collection can be seen in our image data base available at the Gallery.

One third of our annual exhibitions are Asian; one third historic; and one third contemporary. These include exhibitions like *The Mandate of Heaven: China's Imperial Treasures*, which we presented both at the AGGV and the Vancouver Museum. The Hongkong Bank of Canada were the sponsors, recognizing the importance of the decorative arts in conjunction with those of painting and sculpture as being integral to the understanding of Chinese history. Ceramics, cloisonné, metal work, ivory, and jade were all included. *Transformation* will be the cornerstone of the 1998 program; *Canadian Silver from the National Gallery of Canada* in the summer of 1997; and during the Commonwealth Games, the major exhibition we presented was the *British Columbia Bronfman Recipients and their Commonwealth Colleagues*. It was very successful, and we were pleased to present a lecture series by the artists.

We are committed to presenting the work of British Columbian contemporary artists, and we have long believed and considered craftspeople to be as significant as any other major artists working in what are considered the media of "normal artists." Three such exhibitions are: *Robin Hopper: Ceramic Explorations; Carole Sabiston: Flying*; and *Walter Dexter: Surface and Sculpture* all of whom are Bronfman recipients, and all of whom are important senior artists in BC. Each of these artists is represented in the collection, and each have had AGGV publications. Carole Sabiston has been the subject of an AGGV video in our *BC Art on Video* series, hers being a national award winning video.

Not all the work we have presented in this field has in fact been that of national award recipients. We have shown the work of Gusti Lina, a Vancouver artist of Dutch descent and British by nationality. *Gusti Lina: ...and she gave her shadow to the sea...* is a photographic installation of shadows cast on the Spanish Banks in Vancouver over the sands at low tide. Her artistic background is rich – beginning with her work with the ceramic artists in Nigeria where the ritual of repeated patterns fascinated her. This fascination continued when she lived and worked in Sweden where it was the repeated patterns in textile art which took her attention. This evolved on her arrival in Vancouver to her interest in the repeated patterns of the sea, sand and shadows as evinced in her recent exhibition.

"Urban Landscape"
Stoneware
by Walter Dexter (1995)
Art Gallery of Greater Victoria

"Spatial Possibilities"
Textile triptych
by Carole Sabiston (1988)
Art Gallery of Greater Victoria

The Gallery's exhibition extension program also includes the decorative arts – with *The Gallery Collects Glass: the George and Lola Kidd Collection* being but one exhibition now available. This includes didactic panels and publication and highlights material from the eighteenth to twentieth centuries, and that of Canada, the US and Europe.

The connecting of the community and the creators, past and present, or the providing of access to audiences and artists is done through a rich program of adult lectures and workshops, and children's programs in the school and at the Gallery. The programs include every area of the collection and exhibition activity. The annual *Moss Street Paint In* is another gallery program that brings artists and the public together. It includes senior and emerging artists working in all media, from printmaking, to painting, to raku, to glass, to wood.

The Vancouver Island Region is particularly active and alive with major artists – in Victoria, Qualicum, Parksville, Denman Island, Hornby Island, not to mention the mainland and the interior of the province. The ideas expressed in the region's work are strong, varied, and rich. The experimentation with materials, and the extension and stretching of those materials are certainly worthy of acclaim. Why is it that Japan recognizes its major artists as national treasures, while we only recognize individual works through the Cultural Property Review Board of Canada, and only as they are donated to institutions?

That is quick summary of our past and present with regard to these art forms. But what of the future? What of new opinions, approaches and opportunities that will affect the presentation of these disciplines to the public? Well, I hope that new opinions will return to the real definition of the words craft and art. It has been said that art is often confused with entertainment, but they are two different things. In my view it is art that has a message: a message which the viewer must connect with, enter into discussion with, debate with. Artists like Walter Dexter, Carole Sabiston, and Gusti Lina, all enter into that discussion with their audiences, whether it is the large scale ceramic sculptures of Walter's; the sails and the flying carpets with their sense of fun, yet environmental issues of waste and debris of Carole's; or the space and time repeated elements of the ongoing force of nature in Gusti's work. I have seen the work of these artists and others embrace their audiences. Our goal is to continue to extend those understandings and the ideas they convey.

But of the AGGV, how are we attempting to positively affect the presentation of the work of these disciplines? The current building of the AGGV no longer allows for the adequate presentation of the work in the collection, or that of many contemporary artists. It does not allow for us to meet the demands of our audiences.

We are engaged in a move to a purpose specific building in downtown Victoria with spaces dedicated for programming in the contemporary crafts and decorative arts. The storage areas, incidentally, are being designed to accommodate works by medium, rather than by size of work, or country of origin, as each media demands differing environmental conditions. There will be the conservation labs.

The exhibition space for the presentation of the collection will be three times larger than before. The permanent exhibition of ceramics and decorative arts is located in the core of the permanent collection exhibition space. In fact, the ceramics collections, both historical and contemporary, serve in many ways as the link between our Asia and Canada collections by reflecting the history of the relationships between the two parts of the world. We do not want one floor devoted to the arts of Asia, and another devoted to the art of Canada. We are interested in the relationships and linkages between the East and West, the flow of ideas, techniques and substance.

We have also planned for the new building to have space, equal to what we have now, for the presentation of rotating exhibitions. One of the areas is for artists-in-residence, and it will include a sink and working space. It is designed to be contiguous with an uncurated space for artists to assess their current work. The condition for involvement in these planned programs is that the work and the artist will be available for interaction with the public at agreed times. Hopefully, it will be an important focal point for the understanding of the creative process, and consequently the work of today and the past.

What do we hope to accomplish? An integrated program involving artists and public in new and more concrete ways than we have been able to develop to date. We will continue to collect, to exhibit, to preserve, to interpret and of course to publish work both in the traditional formats, and in those using the new technologies. Digitization of the collection is well launched, and we are researching the appropriate copyright permissions in order to balance the presentation of the work, access to the public, and the rights of the artists.

Despite the current difficult economic times and the funding crisis in the arts, I have faith in our creators' ability to make work of meaning and quality, and in our audiences and supporters in the future. The basic needs of human beings include those of expression – and the AGGV will be there to do what we can to present the resulting work.

Jean A. Chalmers National Crafts Award
Prix national Jean A. Chalmers de métiers d'art

1993 François Houdé, glass artist/artiste verrier
1994 Donald Stuart, metalsmith/orfèvre
1995 Walter Ostrom, ceramist/céramiste
1996 Ruth Scheuing, fibre artist/artiste textile
1997 Harlan House, potter/potier
1998 Kai Chan, fibre artist/artiste textile

The Chalmers Fund and Awards programme are made possible through the philanthropy of the Chalmers Family. The Fund now stands at over 16 million dollars.

Le programme de bourses et de prix du fonds Chalmers est rendu possible grâce à la générosité de la famille Chalmers. Le fonds s'élève actuellent à plus de 16 millions de dollars.

Prix Saidye Bronfman Award

Instituted in 1977 by The Samuel and Saidye Bronfman Family Foundation, the $20,000 annual award recognizes the excellence of the work of an individual who has made a significant contribution to the development of the fine crafts in Canada. In addition, works by the recipients are acquired by the Canadian Museum of Civilization for its permanent collection. For more information, please contact Marianne Heggtveit at The Canada Council for the Arts, 1-800-263-5588, ext. 5269.

Créé en 1977 par la Fondation de la famille Samuel et Saidye Bronfman, ce prix est décerné annuellement à un artisan d'art exceptionnel qui a fait une contribution importante à l'avancement des métiers d'art au Canada. Outre un montant de 20 000 $, le prix comprend l'acquisition d'oeuvres des récipiendaires par le Musée canadien des civilisations pour sa collection permanente. Pour plus de précisions sur le prix, veuillez communiquer avec Marianne Heggtveit au Conseil des Arts du Canada au 1-800-263-5588 poste 5269.

Recipients/Récipiendaires (1977-1998)

Robin Hopper, potter/potier
Lois Etherington Betteridge, metalsmith/orfèvre
Monique Cliche Spénard, quiltmaker/artiste en textiles et en courtepointe
Louise Doucet and Satoshi Saito, potters/potiers
Joanna Staniszkis, fibre artist/artiste en textiles
Micheline Beauchemin, fibre artist/lissière
Wayne Ngan, potter/potier
William Hazzard, wood carver/sculpteur sur bois
Michael Wilcox, bookbinder/relieur
Bill Reid, metalsmith and wood carver/sculpteur et joaillier
Carole Sabiston, fibre artist/artiste en textiles
Lutz Haufschild, glass artist/verrier
Harlan House, potter/potier
Dorothy Caldwell, textile artist/artiste en textiles
Susan Warner Keene, fibre artist/artiste en textiles
Walter Dexter, ceramist-potter/potier
Michael C. Fortune, furniture designer & maker/concepteur et fabricant de meubles
Daniel Crichton, glass artist/souffleur de verre
Louise Genest, bookbinder/relieuse
Steven Heinemann, ceramic artist/céramiste
William (Grit) Laskin, guitarmaker/luthier
Marcel Marois, tapestry artist/artiste lissier